Pájaros de sombra

Primera edición: abril, 2019
© de la selección y prólogo: Andrea Cote Botero, 2019
© de los poemas: sus autoras

© Vaso Roto Ediciones, 2019
ESPAÑA
C/ Alcalá 85, 7º izda.
28009 Madrid

vasoroto@vasoroto.com
www.vasoroto.com

Grabado de cubierta: Víctor Ramírez

Queda rigurosamente prohibida, sin la
autorización de los titulares del *copyright*,
bajo las sanciones establecidas por las leyes,
la reproducción total o parcial de esta obra
por cualquier medio o procedimiento.

ISBN: 978-84-120099-7-2
BIC: DCQ

Pájaros de sombra
Diecisiete poetas colombianas
(1989-1964)

Selección y prólogo de Andrea Cote

Vaso Roto / Ediciones

Cantos contra el fin del mundo

> *El mundo va a acabarse antes que la poesía*
> *y la poesía continuará afirmando su devoción*
> *a lo perdido.*
>
> Tania Ganitsky

Movimientos

Este libro incluye una muestra del trabajo de 17 mujeres poetas colombianas nacidas entre 1964 y 1989 a quienes presento a través de una cronología inversa. El punto de partida es el año de 1989 cuando nace María Gómez Lara, la poeta que abre la selección, y en que termina de escribirse *Naufragio de luna*, el primer libro de Yirama Castaño, la poeta que la cierra. 1989 es, además, un año simbólico para las rupturas que determinarán el orden social y político mundial, año en que la caída del muro de Berlín y el fin de la Guerra Fría marcan, de acuerdo al historiador británico Eric Hobsbawm, el verdadero fin del siglo xx. Colombia, que para entonces se encontraba en uno de los puntos más cruentos de su violencia infatigable, presenció el asesinato del caudillo popular y candidato a la presidencia Luis Carlos Galán, al que siguió la pérdida de otros candidatos, una bisagra trágica del momento en que se clausuraban las posibilidades para una transformación democrática de la sociedad en medio de la guerra.[1] La poesía que se escribe a partir de esos años constituye de una manera u otra un testimonio de las preocupaciones y urgencias que rodeaban el preludio de un siglo que iniciaba con el fin del mundo.

La capa de ozono, el Y2K, las predicciones mayas, los simulacros, el capitalismo global, el *mass media*, las migraciones, el

---

1   Las cifras reportadas por el observatorio del Centro de Memoria Histórica incluyen para el periodo de 1958 a 2018, más de 260.000 víctimas fatales del conflicto armado, 80.000 víctimas de desaparición forzada y alrededor de 16.000 casos documentados de violencia sexual.

cáncer, la guerra, la comida transgénica, los rebaños de barcas invisibles que van de un lado a otro de la noche y; sobre todo, los sismos, los revuelos y las calamidades con que grita la intensa soledad en la que muere la tierra abarrotada... constituían una suerte de catálogo de espantos en medio del que esta generación pasó de un siglo a otro: entre el paroxismo de los retos del *post-mundo* y el descreimiento en el pasado. El poeta Santiago Espinosa dice en su libro *Escribir en la niebla* (2015), refiriéndose a los escritores colombianos que empiezan a publicar en estas décadas: «Puede que nunca antes se haya presentado una situación tan desgarrada y ambigua en la poesía colombiana, de un descreimiento en las posibilidades del mundo, y, al mismo tiempo, un doble descreimiento en las posibilidades del lenguaje para reunir o agujerear ese mundo». Es posible que sea justamente a causa de ese entorno de crisis, y por trabajar entre las ruinas de la realidad y el lenguaje, sin acogerse y perpetuar modelos preexistentes, que este grupo de autoras están operando una transformación en la poesía en Colombia.

Puede pensarse que estas apreciaciones podrían ser aplicadas a la producción poética en general y, sin embargo, son especialmente ciertas para el trabajo de las mujeres. De ahí la pertinencia y la importancia de *Pájaros de sombra*, una antología de mujeres que en las últimas décadas han propuesto nuevas rutas para la poesía hispanoamericana que surgen del contacto con estrategias y mecanismos creativos de otras disciplinas y con formas del discurso aparentemente ajenas a lo poético. La hibridación de géneros, las escrituras intertextuales y los diálogos con la música y la imagen, entre otras artes, son algunos de los recursos de esa transformación poética, para la que ha sido especialmente notable el papel de las mujeres.

Pienso, por ejemplo, en libros como *Antígona González* (2012) de la mexicana Sara Uribe, que propuso importantes discusiones sobre políticas de apropiación y construcción del sentido en escrituras a partir de textos preexistentes; los poemas en prosa o narrativas fragmentadas de la española Luna Miguel o los textos más recientes e inéditos de la colombiana María Gómez Lara, escritos a partir de la reconstrucción imaginaria de voces de los personajes del *Quijote*. Estas autoras, de tres países distintos, son parte de un movimiento más amplio en la literatura del presente donde las mujeres proponen nuevas tonalidades y prácticas escriturales.

Pájaros de sombra es parte de una serie de antologías ideadas por la editorial Vaso Roto, que, a partir de la muestra del trabajo de 17 poetas por país, permiten observar el movimiento de transformación al que me refiero. En *Sombra roja*, por ejemplo, Rodrigo Castillo presenta 17 escritoras mexicanas y encuentra manifestaciones de ese mismo presente inestable al que también me he referido y ante el cual las escrituras que él reúne aparecen como gestos «que tienen que ver con la conformación de un cuerpo poético social-fragmentado». Amalia Iglesias, en *Sombras diversas*, reúne el trabajo de 17 poetas españolas y llama la atención sobre el papel de las mujeres en la renovación de búsquedas poéticas de principios del siglo XXI. Iglesias nos recuerda las palabras de Julia Kristeva cuando apunta que «las mujeres, como los escritores masculinos de vanguardia antes que ellas, están desarrollando una sensibilidad extraordinaria hacia el lenguaje y creando una especie de clandestinidad y de ruptura».

Pero es necesario volver a preguntarse: ¿por qué las mujeres? Se me ocurre que lo más parecido a una suerte de respuesta a esa enorme pregunta late en un argumento de la poeta norteamericana Alice Notley quien en su ensayo sobre «Voz» incluido en *Coming After* (2005), llama la atención sobre una noción de riesgo asociada a la escritura de las mujeres, quienes, aún hoy día, escriben por desobediencia, con desesperación y sin esperanza entre el desparpajo y el coraje que acompaña al que habla, dice Notley, cuando parecía que «no escuchaba nadie».

Pájaros de sombra

Las 17 autoras incluidas en la selección han publicado al menos dos libros de poesía. A algunas llevaba años leyéndolas como autoras, periodistas o críticas y reconozco la manera en que, de forma individual y sostenida, han conquistado un espacio por su devoción infatigable por la poesía. A otras, tuve ocasión de escucharlas en festivales en el territorio nacional, incluidos los *Encuentros de mujeres poetas* que se realizan en Cereté y Roldanillo, dos extremos geográficos de Colombia en los que un grupo verdaderamente heterogéneo de mujeres (escritoras, académicas, autodidactas, artistas, obreras o amas de casa) encuentran una vez al año –en un país donde parece que ya no queda calma en los parajes públicos–, un espacio de reunión seguro para ellas. Las demás las he descubierto por recientes publicaciones de poesía en Colombia y por el reconocimiento de sus voces en los territorios extendidos para la literatura, donde ya algunas de ellas me acompañan, en el país de los escritores colombianos en la diáspora.

Quien se acerque a este libro encontrará que un porcentaje importante de la muestra se compone de autoras nacidas en los ochenta. Es la primera generación de escritores colombianos con un mayor número de mujeres poetas recibiendo difusión y reconocimiento. Estos cambios se manifiestan de algún modo en los premios, pienso por ejemplo en el Premio Nacional de Poesía del Ministerio de Cultura de Colombia para Carolina Dávila (2010), el Premio Nacional de Poesía Ciudad de Bogotá para Lucía Estrada (2017) el XXVII Premio Internacional de Poesía Fundación Loewe a la Creación Joven de María Gómez Lara, entre otros; pero, sobre todo, en el papel que la mujeres juegan hoy en la transformación de una cultura editorial nacional en la que se han involucrado por la creación y desarrollo de proyectos editoriales como Tragaluz, Cardumen, Cuadernos negros y Luna Libros o el más reciente fanzine de crítica literaria sobre poesía escrita por mujeres: *La Trenza*. Se trata de iniciativas impulsadas por mujeres, de carácter independiente y autogestionadas, que, de manera consecuente, parecen apostar cada vez más por poéticas de riesgo que se materializan en obras que a menudo son de tipo interdisciplinario y de diseño alternativo.

Como toda antología, *Pájaros de sombra* se define también por sus presencias ausentes. En primer lugar, debe notarse el nombre de las antecesoras: Meira Delmar (1922), Olga Elena Mattei (1933), Maria Mercedes Carranza (1945) y Piedad Bonnett (1951), entre otras poetas a quienes correspondió conquistar y determinar un espacio en una literatura nacional definida por los hombres. Ellas desarrollaron la difícil tarea, aún en curso, de asistir el tránsito por el que la mujer pasa de ser mayormente objeto a ser sujeto de la escritura. Me detengo en dos de los libros emblemáticos de esas autoras, *El canto de las moscas* (1998) de Carranza y *Nadie en casa* (1994) de Bonnett, que constituyen momentos fundamentales para integrar a nuestra lírica la música de lo urbano y los lenguajes animados por los usos de lo coloquial y el erotismo en la voz de un sujeto poético femenino. Entre el trabajo de estas predecesoras y las escritoras de la generación que aquí presento existe, sin embargo, una línea de comunicación muy clara a propósito del modo en que estas escrituras tratan *de* y pasan *por* el cuerpo. Parece que ya hemos observado muchas veces que el tema del cuerpo puede ser un elemento de comunicación entre la literatura escrita por mujeres, esta reiteración, no obstante, responde a un problema frecuente. En Colombia hoy se registran, de acuerdo a los informes más reciente del Sistema Médico Legal, un promedio de 4 asesinatos de mujeres por día, de los que un 20% son perpetuados por su pareja o expareja. En dicho contexto, las prácticas que conllevan a la validación de un sujeto poético femenino que reclama el espacio simbólico para el libre ejercicio del cuerpo y sus asuntos, debe ser notada.

Presente está también la ausencia en *Pájaros de sombra* de aquellas poetas a quienes no fue posible incluir por los límites generacionales y de espacio, entre las que no quisiera dejar de mencionar a Laura Castillo, quien pertenece a la generación de los noventa y es autora de *Prolongación de la lluvia* (2017), un libro que con particular eficacia poética construye imágenes para el dolor de nuestra guerra. Soy consciente además de que, a pesar de los intensos esfuerzos de búsqueda y lectura, esta muestra de escritoras no se aparta totalmente del fenómeno de centralización que aqueja a la literatura colombiana. La mayor parte de las autoras provienen de las ciudades de Medellín y Bogotá, centros geográficos y culturales del país. Esta ausencia es quizás una de las tareas más importantes que deja este libro, la necesidad de cooperar en la creación de mecanismos de acceso y legitimación, capaces de convocar las voces de nuestras regiones.

Territorios y linajes

En su introducción a la *Antología de la poesía colombiana contemporánea* (2017), el poeta Ramón Cote Baraibar presenta un lúcido recorrido por los momentos de la relación entre nuestra lírica y su territorio. Parte de una instancia inaugural para la poesía colombiana del siglo xx en el que los libros de Aurelio Arturo y de Alvaro Mutis *Morada al sur* y *Los elementos del desastre*, transforman la relación preexistente con el paisaje, antes visto como un decorado, al convertirlo en la «materia fundamental de afianzamiento de la relación del sujeto con su entorno». A partir de entonces la poesía colombiana se vendría transformando en sus intentos de «habitar un espacio por medio de las palabras» siempre a partir de la construcción de y la expansión hacia nuevos territorios.

Partiendo de esta imagen instrumental y móvil del territorio en la poesía colombiana, sería posible prolongar la analogía y argumentar que corresponde a la generación de poetas de entre siglos completar el proceso de desprendimiento de las lógicas de pertenencia asociadas al espacio. Así, el más reciente ejercicio de la relación entre el sujeto poético y su territorio en Colombia consistiría justamente en deshabitarlo. Pienso en esto cuando leo el trabajo de las 17 poetas de esta muestra en donde percibo líneas coincidentes de búsqueda por socavar las lógicas de pertenencia y filiación con el pasado. Esto se manifiesta particularmente en el tratamiento de términos que expresan previas relaciones entre la realidad lenguaje. Así, por ejemplo, en el poema de Beatriz Vanegas «Saga de los desterrados» observamos esta forma de quiebre entre *patria* y territorio, el poema socava la relación previa expresada por el término y consigue repoblarlo: «No intentes habitar este añico del mundo/ porque aquí el fuego se extinguió./ Es este un lugar oscuro/ donde el fuego fatuo fundó su morada/ y crecieron ciudades con rostros de carbón». Y más adelante: «Ahora mi patria es tu cuerpo/ luce vano el trono/ el rey de las miserias/ ante el poder de mi dolor». Estas lógicas de *des*habitación encuentran su punto más álgido en las escrituras de María Clemencia Sánchez y Lucía Estrada donde el lenguaje se ancla en el extrañamiento. Escribir es aquí sinónimo del desprenderse. Nos dice Estrada: «Hay una salida, pero es necesario cavar hasta encontrarla, romperse las manos hasta hallar la cerradura. Cavar hasta volver al principio, hasta no recordar nada, hasta ser sólo hueso...».

En el mismo orden de ideas, aparece el quiebre presente en estas escrituras con un orden del pasado representado por un cierto ejercicio del poder y la masculinidad cuyo nombre es Dios y padre. En poemas como «Credo» de Bibiana Bernal, «Entre sordos» de Sandra Uribe, y particularmente en los fragmentos de *Dios también es una perra* de María Paz Guerrero, la divinidad es interrogada en su humanidad sarcástica. Despojado de su poder, Dios es arrojado a las calles, vilipendiado, reducido de repente a la condición de cuerpo, hasta encontrarse en los poemas de Guerrero caminando por las calles de Nueva York y sin dinero para pagar la renta. El procedimiento, como un poema de la peruana Blanca Varela, podría llamarse *Ejercicios materiales*. A través de su materialización y secularización la voz poética establece un diálogo desjerarquizado con lo sagrado.

En una suerte de inflexión del mismo tema, la figura del padre estructura la lógica de *des*habitación del territorio representado por la patria y la casa. En los poemas de Fátima Vélez, la casa se destruye por dentro y a este proceso le asiste la exploración fragmentada del espacio, el recorrido sensorial que hace la autora por los rincones del miedo entre los predios que gobierna el símbolo personal y colectivo del «padre que no se quita el sombrero». Es justo decir que, en este punto, la búsqueda de estas autoras se emparenta con un linaje de escrituras de mujeres que antes exploraron este tópico, así el «Daddy» de Silvia Plath o «The Father» de Sharon Olds, donde la figura paterna es también símbolo de la unión del orden de lo público y de lo privado al que han llamado a rendir cuentas estas poéticas de la desobediencia.

Pero, a pesar de los puntos de contacto, lo cierto es que lo que une el trabajo de estas escritoras es la singularidad de cada una de las poéticas que conforman *Pájaros de sombra*. Este título, por su parte, lo encontré siguiendo el decir del crítico alemán Hugo Friedrich en *La estructura de la lírica moderna* (1959) donde dice que para conocer el alma de un poeta hay que fijarse en las palabras con las que se obsesiona. Descubrí que casi todas las autoras de la muestra hablan en alguno de sus textos sobre un pájaro. El lector encontrará que esa figura vuela por el libro de diversas formas, desde los pájaros que son verdades que Ajmátova susurra en los poemas de Lucía Estrada hasta el pájaro-cuerpo por el que en su poema «Tres días», Carolina Dávila compara los trabajos de la muerte. Ahondando un poco más en el asunto, he descubierto que lo cierto es que toda la literatura colombiana está poblada de pájaros. Probablemente porque el de los poetas es el canto que nunca espantará el estruendo de la muerte.

PÁJAROS DE SOMBRA

María Gómez Lara

(Bogotá, 1989)

Emily Dickinson

Nací el mismo día que Emily Dickinson
casi dos siglos después
y las cosas han cambiado un poco
desde entonces

no tuve
su entereza ante el dolor
ni su oído sutil para las revelaciones

vivo en un edificio alto
donde no llegan los pájaros
sólo un ruido de sirenas
que no canta

es una ciudad inmensa
aquí todos somos Nadie
pero no hemos aprendido
a guardar el secreto:

al caminar regamos
nuestra nada en las esquinas

Nací con la piel oscura
en un país del trópico
y vine a buscarla a este estruendo
tan lejano de su voz
que se enredaba en las praderas

la imagino callando en los ladrillos
veo sus manuscritos de letras apretadas

como ramas de tinta negra
que se quiebran
en cualquier envoltura
en la lista de mercado
y se enlazan otra vez
para inventar el mundo

Nací un diez de diciembre como ella
y no traje ese silencio

sin embargo

gracias al conjuro
de repetir sus versos
mientras cambian los semáforos

estoy a flote

todavía

Astillas

> *Los verdaderos poemas son incendios*
> Vicente Huidobro

voy frotando una astilla contra otra
y es inútil

no habrá fuego
en mis restos de madera

pude rescatar del naufragio
un trozo de leña

hueco de tormenta
atravesado por tanta agua salada

lo quebré
para inventar dos trizas que se juntan
dos chispas
que no estaban
el revés de un vacío un agujero

aquí sigo todavía estrellando mis astillas

nada que encender
y te haces humo
nada que apagar
y eres ceniza

La luz inútil

> *La soledad es estar ahora entero*
> ARTURO CARRERA

qué extraña completud

ya sin relojes
ni calles cerradas

qué extraña completud el aire abierto

la sola luz
la luz inútil

al fin sin nudo ciego

para qué ver si nada que alumbrar
de este equilibrio hueco

ningún nombre
ningún árbol

ningún edificio torpe que vaya a derrumbarse

para qué el estupor suspendido
si no hay dónde caer

Conjuro

your burning temple next to mine

repito el verso de Blaga en la tormenta
como un conjuro un amuleto algo de ti

me aferro
no lo suelto *burning temple*
sola esperando a que toque tierra el huracán
next to mine dijiste alguna vez

your burning temple
y oigo el crujir del viento contra las ventanas
next to mine
y me cubro la cabeza cuando se va la luz

We shall remember once too late
y es tarde ahora que llega el estallido
this very bench where we are seated
cuando no queda nada en pie

entre las tinieblas

sino el radio de pilas
y la voz del locutor
–the worst is yet to come

Espero acurrucada eso peor
me obstino en aquel verso *burning temple*
como un delirio *next to mine* como la fiebre

Aquí no hay templos ni fuegos

pero de miedo convoco algún rescate
y aprieto en el puño este conjuro
de cuando hubiéramos podido
salvarnos del desastre

Octubre

Naciste
en otoño como yo
decías
y es de nuevo octubre

querías arrastrarme
con tus hojas secas

querías convertirme en caída
y yo habría sido abismo
para que te quedaras

contestaba siempre
que diciembre es otoño
aunque los árboles sean ramas
y el aire nos congele

a fuerza de palabras me abría espacio
entre los tiempos medios

asentías complacido
inmóvil todavía contra el suelo
pero hecho ya huella   ya huida

Llega otra vez octubre
y no queda ni tu sombra

camino para borrarte ante todo no me detengo
y sé que voy a estar bien mientras los pies aguanten

esquivo a zancadas esta ciudad que era mía
la que fuiste derrumbando con las manos

me aferro entonces
a la nieve que no tuve:

yo nací en invierno
yo nací en invierno
yo nací en invierno

Contratono

> *único tono*
> *el agua contra el agua*
> BLANCA VARELA

aprendimos
a despertar en medio de la noche
con el ruido del agua

conocíamos la errancia
de hace años   nuestro sueño era frágil

los ojos entrecerrados casi abiertos dormíamos
como quien vela

atentos al derrumbe
las manos en la cabeza
por si los escombros
y los pies alzados
         ya para correr

pero una madrugada gota
a gota
     lo intuimos

oímos resonar
el nuevo escape

algo nos cantaba
en contratono

que esta vez huir
sería quedarse

Antiquietud

y puede que la vida
                nos inquiete

pues quedamos aquí
tan de la tierra

anclados en el suelo materiales

llevados por el tacto
como a tientas

luego
nos deshacemos

nuestra miseria es ínfima es de arena

caemos
como piedritas
contra el río

¿y cómo era
ser polvo piel o hueso?

después nos recogemos
precarios deslucidos

cubriéndonos de aire o de ceniza

salimos
a la calle

despacio
a pesar de estar pausados casi
hechos reposo

negamos la quietud nos tropezamos
un paso luego otro el pavimento

andamos en puntillas

y de tanto no estar
vamos estando

Poemas recogidos de *Contratono* (Visor, 2015).

Don Quijote caído

otra vez estrellado contra el suelo:

me duele la espalda me tallan los huesos
cómo tragar más polvo me pregunto   cómo moverme aquí sin escudero
tendré que quedarme entonces quedarme quebrado quedarme cascado tanto suelo tanto tanto que van a llamarme quizás el caído caballero el de la triste figura aquí pegado a la tierra qué más da

sé que éstas son aventuras de los andantes caballeros y éste será un capítulo en mi larga historia de eso no queda duda la pregunta es ahora   qué hacer con las heridas las cortadas los raspones

dónde ensamblar el cuerpo cómo levantarme cómo seguir andando el caballero roto
con qué fuerza lograr cargar mis armas oxidadas
donde cabrán los molinos los gigantes

los vi te digo que los vi ahí estaban lo juro y fue ese sabio encantador los transformó otra vez les salieron astas a los brazos que venían a atacarme

fue el sabio encantador para dañar la aventura de este pobre hidalgo una vida sin matices   un gris sin explosiones

mis ojos vieron lo que pudieron les pesaba el hidalgo miraba Don Quijote

y el sabio encantador no supo que los cambiaba porque quería
pelear   y dónde los dejo ahora   qué hacer con tantos brazos
tantas piernas enormes tantas cabezas agitándose

yo Don Quijote de la Mancha quería ser el héroe de una batalla
libresca y lo soy lo soy lo soy cascado Yo Don Quijote de la Mancha
aunque me arda la piel

iba a blandir mi espada a salvar a la doncella
iban a ir los gigantes a llevarle mi victoria
escribirían sobre mí los autores de esta historia
las famosas aventuras de Don Quijote de la Mancha el más
valiente el más enamorado

era fácil transformar molinos en gigantes lo difícil fue al revés
pero es que el sabio me sigue para jalarme el hidalgo   a mí a
Don Quijote armado caballero lo difícil fue volver
cómo volver ahora me habrán quemado los libros   y aparecer
de nuevo
roto deshecho quebrado

fue ese sabio encantador por sabotearme:

yo no quería estas astas que me pesan encima
yo iba a reemplazar el aire por el fuego

Poema inédito.

Yenny León

(Medellín, 1987)

Tríptico

A Bill Viola

I

Llueve tu rostro
al salir de la cueva bajo el limo
Canto de ciego
todo es un destello
de blanca oscuridad
Bienvenido al día
aún no nacido
¿Podrás vencer la muralla
invisible de tus otros?

II

Dilatada línea
te sumerges en la profundidad
del labio
tanto azul se derrama
tanta agua que no falta el aire
Por un momento la corriente
se detiene
Eres la delgada oscuridad
de la mañana
¡Qué claro se hace el rayo
antes de extinguirse!

III

El nudo al final de la cuerda
La noche cosida
en las arrugas de tu ceño
se eleva como
humareda errante
así ya tú eres ancestro

Playón de sal

Tengo un cansancio
de hueso
acumulado

Ya no se me desangran los ojos
en un llanto bajo y salino
Con palabras como picos
me han horadado las órbitas

Busco derrotar
el origen de mis manos
partir desde la primera
herida de mi cuerpo
y entrar en la lluvia
para abrirme
como ruega el día

La cola del escorpión

Mis pies son el marco del árbol
Gotea infinita la aurora

Sobrevuelo el camino del agua
en una ola vacía

Siento celos de las piedras
envidio su inmortalidad

La cola del escorpión
atraviesa la comisura
de mis labios

Soy mi más amado huésped
la más tierna quietud

Mi tronco burbujea sobre el cubo
abro el pergamino ciego
leo la noche sobre mi espalda

Poemas recogidos de *Tríptico* (El Quirófano Ediciones, 2015).

Mujer de agua

A Helena Araújo

Soy la mujer sentada
a la orilla de todos los lagos

Los restos del árbol están impresos
en las yemas de mis dedos

Me resbalo por la piel de la cigarra
Con mi delantal abanico el alma de la hoja
Cruzo mis gruesos tobillos; busco selva la luna

Me repito seis veces dentro de mí misma
en el umbral donde los mundos se funden
Creo el huevo en la mitad de dos manos
que se abrazan sin tocarse

Mientras dibujo el último círculo,
aparece una segunda vida
maraña de brazos, piernas y bocas

No tengo otro papel para escribir
que la roca sobre la cual naufrago

Más allá del sol

>A Herminia, *in memoriam*

Quizá como la muerte en los labios
la caverna se detenga

Tal vez la noche se carbonice entre tus dedos
como quien descubre en su consumación
la ventana abierta
por donde cruzan las huellas

No sé quién te ha atado en el pecho
un campanario de cenizas
ni cómo mis cabellos
están hechos de ti

Hoy te reconoce la lluvia
junto a la belleza lenta del árbol
te escoge la hoja
al convertirte en su otra mitad

se disuelve tu cuerpo en el aire
para nacer más allá del sol

Poemas recogidos de *Campanario de cenizas* (La Chifurnia, 2016).

> *Yeti, no todas las palabras*
> *condenan a muerte.*
> Wislawa Szymborska

la niña se hunde
en el cuarto silencio más largo de la tierra

pasa el día
encerrada en una burbuja de fuego

el yeti se sacude

hasta el círculo diminuto
deja huellas de herrumbre

la piedra calla
contra la lluvia.

cuando los días se acaben
y la hoja
ya no incube su raíz

sumergido en el reverso de las piedras
yacerá el vacío enloquecido de luz

las grandes pérdidas
harán de la montaña
su centro

como puertos sin retorno
se acogerán a la memoria
sólo para darle forma al pasado

serán tan viejas en nuestros ojos
como el destino del agua.

cada latido
es un autoataque:
el corazón golpea contra el corazón

con el árbol
ocurre algo distinto

su corazón
por encima del agua corrompida
es fuego meditativo
hambre congelada.

> *Y empeñados en proteger los bosques/ olvidamos/ que*
> *mientras quede siquiera un árbol/ sobre la superficie de la tierra*
> *la gente morirá asesinada con palos de madera.*
> RYSZARD KAPUSCINSKI

sus raíces
maestras de la vida subterránea

su tronco
doble cuerpo, canal de otros mundos
revoltijo de ombligos que conducen
al diálogo de

sus hojas
materia oscura
puerta entreabierta al círculo
— la punta de la geometría—
esporas animales
estructura alterada
sangre seca.

las flores encanecen
en el invierno desmayado
tras un precipicio de cielo

el tronco de un árbol perdido
se calcina
en una lenta conspiración de sonidos

cuando el hilo de la vida pende sobre el lago
cuando los ojos sufren el hambre de quedarse ciegos.

Poemas recogidos de *Entre árboles y piedras* (Planeta, 2013).

El trueno en la sien

Después de cierta edad
la gente se alimenta de vidas ajenas
y olvida que el trueno
aún puede hundirse en las sienes,
que el liviano color del otoño
atraviesa la mirada más aguda
y la línea que une los planetas
es un mero ejercicio de la luz.

Colibrí

El colibrí es la reacción de la naturaleza
ante lo que muere en el centro del árbol

su aleteo son trinos
para los pájaros carpinteros
que se trenzan con las hendiduras
en la madera

el colibrí es una sensación oculta
como un parpadeo bajo el agua
o una sonrisa ante la bala que te atraviesa.

Ruptura

No llevas puesto nada encima
salvo el misterio de tu primera piel
la lección de que el tiempo
madura en el mar

mides a pasos el cielo
y moldeas con lo perdido
el pie de estrella
obligado a bajar sin calma

ninguna forma
separada al elevarse
forja el incendio

la ruptura
siempre va hacia la noche
oscureciéndose ante ti
mientras absorbe de tu boca
el gesto anudado
al sueño.

Sol endurecido

Vuelvo el rostro humedecido hacia la pizarra

Mis dedos son cortos
y juegan al otro lado de la vida

Soy niña:
bebo en un tazón de barro
un sol endurecido

Poemas recogidos de *La hierba abre su latido* (Universidad Externado de Colombia, 2018).

Tania Ganitsky

(Bogotá, 1986)

El mundo va a acabarse antes que la poesía
y habrá nombres
para diferenciar el olvido de la fauna
del olvido de la flora.
La palabra esqueleto sólo se referirá a los restos humanos
porque habrá una forma particular
de describir el conjunto de huesos
de cada especie extinta.
Habrá un nombre para designar la última chispa de fuego,
un nombre primitivo como el del maíz,
y otro para la transparencia del río
que muchos se habrán lanzado a atrapar
al confundirla con sus almas.
Las crías nacidas ese día no se tendrán en cuenta,
pero la palabra parto sustituirá la palabra ironía que ya habrá
[sustituido la palabra tristeza.
Y habrá un léxico de adioses,
porque se dirán de tantas formas
que llenarán un libro entero, que es lo que quedará del amor,
de la literatura.
El mundo va a acabarse antes que la poesía
y la poesía continuará afirmando su devoción
a lo perdido.

DICEN que la última llama
se encenderá
en el océano.
En el vientre de la ballena
que hospeda los mitos olvidados,
en su canto,
que conjura el retorno de los dioses.
Pero yo he escondido
unas cerillas
para amparar las llamas
de la tierra.

Rana estática
la musa es la hierba
croar es cantar

Poemas recogidos de *Desastre lento* (Universidad Externado de Colombia, 2018).

Los CABALLOS no iban a vivir
tanto tiempo.
Pero encontraron ofrendas
en el sueño de los muertos.
Allí pastan, beben agua y, a veces,
se acercan a las manos
cubiertas de panela
que brotan como flores dulces
a su alrededor.
Doblan el cuello y reciben la ternura
que también debió extinguirse
hace tiempo.

Poema recogido de *Cráter* (La Jaula Publicaciones, 2017).

Montaje 11

Oigo la melodía de una película vieja.
Viene de la calle que da al balcón de nuestro apartamento
        en la calle 11 Lesvous.
Al asomarme, veo a un hombre acompañado de su acordeón.
Está solo y alegre,
menos pobre que solo,
más pobre que alegre.
A veces se detiene a tocar mirando las ventanas de los edificios
                                          [despedazados,
a ver si se asoma algún sobreviviente.
La música acentúa lo que se mueve en la calle: unas palomas, las
                                          [hojas de los árboles,
los toldos que cubren los balcones y la sombra de esos toldos en
                                                [otros balcones.
Sus manos, sus piernas, el abanico.
Me pregunto si esto es Grecia.
Subí a la Acrópolis, fotografié el Partenón como millones de
                                                      [turistas
y lo miré singularmente, como cada una de esas personas.
En el ágora me dejé envolver por el combate entre mundo y tierra
que sostiene el templo de Hefesto
en el tiempo.
Me acerqué a todas las ruinas
de una ciudad que se ofrece a pedacitos de piedra y mármol.
Pero sólo la misión de rescate del acordeonista
        en esta calle arruinada
me hace sentir que estoy en una ciudad levemente real,
levemente espectral,
                griega.

Pájaro de fuego

Dejé entrar a un pájaro de fuego.

Apagué la luz
para vaciar el espacio
y sólo verlo a él.

Voló sin quemar el silencio,
un pájaro
de llamas inofensivas.

*Si el fuego no se propaga,
el agua no puede
apagarlo*, dijo la bruja.

Desafiante,
me mojé las manos
y le rocié el ala que más ardía.

Ahora guardo
un pájaro herido
que no come de mi mano

en una caja de madera
que no se quema.

Fuegos confundidos

El sol poniente descendió hasta el extremo
de perderse entre otros fuegos.
A la mañana siguiente
el cielo ardió distinto:
las nubes tomaron la forma de fantasmas
y se detuvieron a llover sobre sus tumbas;
en lugar de cantar, los pájaros gemían.
Si alguien una vez dijo *hágase la luz*
ese día dijo *que la luz deshaga*.
Los árboles fueron los primeros en quemarse;
sus inquilinos
se arrastraron por la hierba
que a mediodía estaba seca y despoblada.
¿Qué flores brotarían ese día en el infierno?
¿Qué condenado esconde,
entre el papeleo de sus culpas, un herbario?

PODRÍA LEER una hora más sobre Emily Dickinson, o quizás uno de sus poemas. Mejor trataré de olvidar uno para asombrarme de nuevo y hacerle miles de preguntas. ¿En qué aguas pescas las palabras? Mientras esperas a que muerdan el anzuelo, ¿te distraen las medusas que flotan alrededor? ¿Las muerdes tu primero? Empecé a escribir este poema para olvidar uno tuyo y el oleaje nos aproximó. Mira lo cerca que estamos: el barco averiado en que saliste a pensar se hunde justo aquí y no sé si nos salvamos.

Poemas recogidos de *Desastre lento* (Universidad Externado de Colombia, 2018).

Sobre
    Escribo

Ahora no puedo
    escribo
Con las manos untadas de tierra
    escribo
Es hora de acostarme
    escribo
Dejé la voz en otro silencio
    escribo
Es inútil
    escribo
Espero de rodillas la llegada de la música
    escribo
Nunca he leído un testamento
    escribo
A mi abuelo le agradaba ver pastar a los caballos
    escribo
Perdió la esperanza durante la guerra
    escribo
La recuperó en el exilio
    escribo
Estoy lejos
    escribo
Te quiero
    escribo
Interrumpimos la comedia de Billy Wilder
    escribo
Esta ciudad es de los cuervos
    escribo
Nunca más, nunca más

      escribo
Jamónjamónjamónjamónjamonja
      escribo
No me siento sola
      escribo
Hay una dirección postal en cada palabra
      escribo
En cada persona
      escribo
Sello el sobre con mi lengua
      escribo
como si fuera un testamento.

Poema recogido de *Cráter* (La Jaula Publicaciones, 2017).

Aprendizaje

> En memoria de Lía, mi abuela.

Asistimos a la cena de los viernes.
Mi mirada se aferra a los dos candelabros de plata
en el centro de la mesa
hasta que su espalda se encorva
y creo que va a besar el frutero o recoger una ciruela con la boca.
Oigo chispear el mechero varias veces
hasta que inicia la oración.
Aprendí del *sabbat* que hay diferentes lenguajes:
uno en que nos dicen en qué puesto sentarnos,
y otro que viene del fuego,
                dirigido y verdadero.

Poema recogidos de *Desastre lento* (Universidad Externado de Colombia, 2018).

CUANDO LLUEVE, las personas se alejan
un poquito más del mundo.
Olvidan los nombres de los animales y las plantas
y sus formas sólo les parecen familiares.
Pierden de vista el cielo
y miran el piso mojado,
que revela el remordimiento de la tierra.
Quienes pueden prenden fuego
para calentar su hogar,
secar la ropa y los malos pensamientos.
Los amantes se abrazan
y les parece que todo el universo escampa.
Los que están solos miran por la ventana
hasta que retornan *los tigres, los caballos, los abedules.*

Poema recogido de *Cráter* (La Jaula Publicaciones, 2017).

VEO a los caballos
enrarecerse
alrededor de la hoguera.
Como si recordaran
una vida vieja
en la que habrían amado
junto al fuego.

Poema recogidos de *Desastre lento* (Universidad Externado de Colombia, 2018).

Gloria Susana Esquivel

(Bogotá, 1985)

**Tarde de domingo en el
Museo de Historia Natural**

Vi elefantes marinos meditando,
                 suspendidos sobre el vidrio como monjas místicas

Contemplé sus vientres como si de ellos se descolgara el cielo

Vi mariposas convirtiéndose en orejas,
libaban partículas tóxicas

Mientras descamaban el contorno de sus alas
un hombre cantaba:

                             las mariposas
                             son peligrosas
                             no te confundas
                             con su belleza

Vi al sol morir por dentro,
en esa explosión fui supernova extinta
                       Descreí ser 14% polvo de estrellas.

Una anémona se extendió sobre las cabezas
Sus tentáculos, los *noodles* que comimos en un restaurante *thai*
                                           cerca del museo

     El cielo, querido Frank, seguía despejado

Borinquen Pl.

Comí cerezas mientras cruzaba el puente de Williamsburg.
Di un bocado enérgico de dientes
y piedras que rompieron los obstáculos más blandos

                                              las vigas más blandas

                            Encontré en mi boca el vacío acuoso

Las que quedaban en la caja se regaron y minaron el suelo

                                                    dormí

sobre un centro inestable y dulce
                            soñé

que alguien daba un bocado

                                                          de mí

y me metía en su boca,

                                      era húmeda y dulzona

Me tiraban por el suelo,
minaban otro suelo conmigo:

                          yo era esfera rosa de vitamina B potasio

Quise romperme en un mordisco sólido,
                                    gigante

como el deshielo
                          o la dentellada más feroz

               Quiero ser la pulpa del fin del mundo

intentaré servirme de nuevo
en la mañana sobre el río,
con yogur y cereal,
                     al desayuno

Chelsea Market

Ciento cincuenta tenazas de langosta nos quebraron los talones:
resistí con entereza el ataque crustáceo

Desde entonces me rindo al ocio
sumergida en agua hirviendo
entre mantequilla y ampollas

La carne enrojecida no se cuece,
                                            es coraza

Yosakura

He convertido mi lengua en un filete de pescado.

sin escamas						sin branquias
yace tímida en una cama de hielo que la mantiene firme

                Un trozo de atún rojo que no late

La sirvo en un restaurante japonés del Este:

                           allí cenamos.

Inmóvil
guarda palabras en sus vetas
Torpemente se entrega a la afasia

Lengua pesada
incapaz de articular
esternón   epiglotis
plexo   apetito
En su humedad fresca se sabe cobarde

Las palabras caen como hilos

en
un
reverberar
fonético
que
se
me
escapa

                    Con maestría de mantis tomas los palitos
y examinas el dorso de la lengua:
                    el último trozo de sashimi que nos queda

Ahora mi lengua atún descansa sobre la tuya,
y ya no relamo el silencio

Un bramido leve,
tal vez un murmullo,
de repente:

La boca convertida en un estanque de peces

Poemas recogidos de *El lado salvaje* (Cardumen, 2016).

I.

Ésta es la hora en que las dantas salen al sol.

Extienden sus patas,
caballos anfibios,
sobre la mancha oblicua que aparece
tres o cuatro centímetros
a la derecha del ombligo.

Mis amantes también se tendieron allí,
buscando descansar sobre ese pantano pardo
que percude el vientre.

Era tan sólo un desfile de muchachos
con saliva de lejía
que reposó junto a las dantas.

Observaron de cerca sus costumbres híbridas
mientras yo,
indiferente,
espiaba a esos mamíferos
que copulan
asomando apenas sus cabezas
por fuera del agua.

I-III poemas recogidos de *Cacería necia* (inédito)

II.

De donde vengo
cada mujer es un mamífero caliente:
ballenas de pantano,
o antílopes de lomo seco.

Mis piernas,
pisan las cenagosas cumbres
del cambio y la cacería necia
con la impasibilidad de aquél
que no se detiene
ante el vientre expuesto
de un animal más noble.

Yo también soy un mamífero caliente:
gacela del cerro y la fatiga.

III.

El tigre blanco ruge dentro del tambor y ensordece.

Aquél
que se atrevió con manos toscas a tomar el hocico de la bestia
                                                fue valiente,
pero no logró dominar su furia y se desvaneció en la embestida.

Aún en mi oído quedan las marcas de su rabia.

Laceración   (deleita)
Zarpazo   (complace)

con manos suaves lavo las grietas que deja en la carne
he aprendido a masturbar heridas para aliviar la rabia tigre.

De lo cáustico brotarán nuevas flores, me repito,
el agua pronto ahogará a la fiera.

Otro zarpazo   (complaciente)
Arañazo   (placentero)

Limaré sus uñas y no resonará dolor salvaje.

Sanaré.   Me haré cauce.

Con vehemencia seré el agua cubre bestias.

Escucharé algo más que mi propio canto, me repito,
no temeré al vértigo acústico de otras letanías,
                                            seré valiente.

Un verdor

Vida hoy en su verde más verde. Vida acá en su verde más verde.

Verde efervescente que pareciera reverdecer con cada palabra, como si la vida brotara en cualquier rincón de la noche, como si fuera tan fácil cuidar de la vida —sólo luz del sol, agua y calor, dice él—. Y la fuerza de la madrugada y la fuerza de las palabras y la fuerza de un cuerpo incesante que pide bailar porque es inquieto, porque busca sanar, porque reverdece en sus heridas y porque de sus heridas brota la vida como si fuera así de fácil. Como si la vida verde estuviera aguardando, escondida, detrás de un tumulto de palabras y de heridas y cimientos que se mueven porque necesitan moverse, y con cada rama que se agita, con cada rama que baila, aparecen nuevos animales anunciando que llegará el fin del miedo y con él la vida. Y la dulzura y el calor y el pelaje de unos gatos que parecieran estar amaestrados por un hechicero que sabe hablar con ellos y que los mantiene vivos.

Otra vez la búsqueda incesante por salirme un rato de mí.

Él dice que no entiendo a los gatos y que por eso llega la fobia. Yo le digo que tiene razón y que no hablo planta y que por eso se secan. Y él repite luz del sol, agua y calor, como conjuro para todo aquello que es verde y yo pareciera colmarme de preguntas y palabras y de excesos y me siento efervescente, me siento ligera, me siento reverdecida

y voy un rato a la cocina y bailo.

Poema inédito.

Bibiana Bernal

(Calarcá, 1985)

Invernal

Afuera la lluvia.

De este lado de la ventana,
el invierno respira sobre el cristal,
opaca el tiempo en cautiverio.

Afuera el agua.

Cae sin respuestas sobre el asfalto,
inunda de preguntas
los ojos que asisten al deshielo de la memoria.

Afuera el río,

      se disfraza de calle,
            se lleva el día

                  los días

                      la vida.

Biografía del mundo

Todo fue cegar las manos,
acariciar máscaras,
elegir el tiempo como única medida,
su aleteo de dudas entre infierno y edén.
En el sueño y el vuelo,
nosotros como único recurso del miedo.

Todo fue bajar la mirada,
escupir los pies de Dios,
creer en la semejanza, en el prójimo,
en el uno más uno igual yo,
en el olvido, el no soy,
el Creador y el hastío perpetuo.

Todo fue encarnar el caos,
en el pasado que vendrá
a confirmar lo que no sabemos
a refutar lo poco que aprendimos
para desnudar lo que no somos.

Mudanza

De este lado
no se oyen sollozos
ni pasos en la habitación.
Por la ventana no entran ramas.
En la pared no se estampan siluetas.
A ninguna hora viene un perro a saludar.
En esta cama no duerme un abismo.
La luz no se apaga en mi rostro.
Aquí, como allá, nadie dice mi nombre.

Lecho de nieve

> A Robert Walser,
> quien murió sobre la nieve.

Rumor de hojas sus pasos.
Camina invisible dejando huellas sonoras.
Viene de lejos, va sin prisa.

Es la sombra de un espantapájaros
que susurra en la noche.

Viene entre los crujidos del viento,
es la voz rota del espejo.

Movimiento sin volumen
que avanza entre la quietud.

Viene desnudo, sin piel,
en busca de la espesura.

Camina lento.
Es su tiempo desencarnado.

No hay espacio
entre su transparencia y la solidez.

No hay caminos.

Instante y eternidad
nievan en su cuerpo.

Credo

Creo en el hombre,
exilado todopoderoso,
buscador del cielo
creador del infierno.

Creo en el engaño,
su único argumento.

Concebido por obra
y gracia del relámpago,
nació de la mentira virgen,
padeció bajo el poder del instinto
y fue despojado de la sutileza.

Creo en el hombre,
en su efímera entrega,
en su amor tejido con espuma,
en sus palabras de perpetuo aire,
en sus promesas de niebla,
en su tiempo sin memoria,
en la debilidad de su carne
y en su soledad eterna, amén.

Alejandría

> *La ciudad que se sirvió de nosotros (...)*
> *que nos envolvió en conflictos que eran suyos y*
> *creíamos equivocadamente nuestros.*
> Justine – Cuarteto de Alejandría

Por sus calles de mujer desolada,
en atardeceres extraviados,
asciende el vaho de los días.
Moldea a sus hijos de barro
con luces mortecinas.
Sus lluvias se empozan
en los ojos de los hombres.
Lágrimas ocres tiñen el aire.
El tiempo se pudre en los puertos.
Todo lo sabe de quienes anidan en sus entrañas.
Revela su voz en los balbuceos de sus fantasmas.
Se canta a destiempo con los ausentes.
Hiere las sombras del mediodía.
Cura a los moribundos de la media noche.
«Huele a sudor a jazmín a fruta podrida».
Se edifica sobre el deseo de quienes
nacen y mueren, aman y odian,
entre su penumbra y su miseria.

Improbable

Nadie es el otro,
ahora que un cerrojo
es certeza del regreso.

Al cerrar la puerta
que abre el universo habitual,
del otro lado quedan los gestos
que trazaron su mundo en otra realidad.

Al abrir la valija,
el viento que entra por la ventana
agita la ropa y propaga un olor
a encuentro imposible
a calle desierta en la madrugada
a sudor de un día que terminó al día siguiente.

De quién es el equipaje que trajo,
si todo huele a alguien que no retornó,
se pregunta la recién llegada.

Pájaro de piedra

Ser de piedra y creerse pájaro
porque el viento propaga el polvo de las manos.

Verse ave en el reflejo,
aunque inmóvil sobre el asfalto,
abrasado por la luz de las cinco de la tarde.

Saberse nido
en un recodo del día que agoniza,
sin poder roer el aire.

Ser de carne y creerse hoja o pluma
y al final de la jornada ser quien cae.

Ser uno y creerse otro y otro y otro,
hasta anochecer sobre sí mismo
y volver al origen,
donde la arcilla no tenía rostro
y las alas no pesaban tanto.

Silencio

Ni escribir sobre los pájaros
ni fotografiarlos.
Sólo asistir a su vuelo.
Abandonar la intención
de eternizarlos en la palabra y la imagen.
Perpetuarse en la fugacidad
de su travesía por la mirada.
Callar, con las manos y con los ojos.
Callar, no para fingir el silencio
que dejan a su paso
sino para serlo.

Hacia el crepúsculo

Entre árboles deshojados anidan sus ojos.
La mirada se le ha ido con las golondrinas.
Atardece y su cuerpo,
avidez en la memoria de las manos,
se convierte en horizonte dejado atrás.
¿Cómo puede la frontera estar
a tus espaldas y frente a ti?
¿A dónde va quien aloja
levedad y pesadumbre en sus ojos?
Huye de donde irse y permanecer es imposible.

Deconstrucción

Construir
destruir
reconstruir
deconstruir
al otro

Para que permanezca
se vaya
sea
o deje de ser

Abreviarle la voz
sembrarle en las manos
el tiempo que no le cabe en los ojos
abrirle y cerrarle la noche
negarle la entrada
ofrecerle un abismo
ser su salida
tejerle unas alas

inventarlo
descubrirlo
encubrirlo

que sea si puede
que tenga cuanto le damos
que muera y vuelva a nacer para sí mismo
por él o por nuestro artificio
que siempre lo construye y destruye
le da y le quita

y nos deja sin
yo
tú
él
sin nosotros

Poemas recogidos de *Pájaros de piedra* (Cuadernos Negros, 2016).

Fátima Vélez

(Manizales, 1985)

sótano

que quieres quitar de ahí las telarañas
las capas de moho
inténtalo
a ver si no aparece de pronto la olla
con el arroz pegado
los guantes amarillos
que protegen
del jabón quitagrasa que te agrieta la piel
y en el silencio
de quien lava platos y olvida poner música
el poema se tararea solo
como si tuviera pies
y quisiera hacer de ti un salto
es
no cabe duda
ése que dice que se llegó al final de la carrera
y el premio es otra carrera

y si el premio es mugre coagulada en un sifón
y si todo fondo no es más que horas percudidas en la cortina de baño
la sala donde la luz pega directamente en el reflejo de la infancia
donde también el tema es con la luz

los niños
sus deseos
su canto de sirena
que tratan de arrastrarte a la inacción
a no ser otra cosa
que calor atemporal

su belleza
que crece
sobre filo
raíz
que no se ve en ningún espejo
pero sabes
si no la cuidas
no la riegas
no la podas

recuerda

poner papel conciencia en las paredes

quien se ha cortado con papel sabe

lo que guarda en sus bordes el blanco

mudanza

del blanco sacudimos
los rastros de pintura
tras los secretos
que nadie le preguntó a las paredes
si querían escuchar

pronunciamos la palabra
y la rutina no se forma
no descurte esta nata amarilla

Debes haberla pronunciado mal
No, así la he dicho siempre
¿Cómo?
Con el mismo tono de
Niños
a la cama
ya

Déjame a mí
No,
Tú
Sácanos de las maletas
Ordénanos en las repisas

ropa, poca
libros, los necesarios
inhalaciones, ninguno las contó
cosas livianas
no vaya en un descuido
a crecer una raíz

sobre el *Tenemos casa, Tenemos casa*
crujen las tablas
podríamos perforar con esta dicha
que no embalsama para-siempre
pero nos hace creer que siempre
no es una distancia tan amplia
como nos la han pintado

ahora a hacer café
en el centro
en el frío
de una casa
sin ollas

para los niños
una buena ración de cereal
el que les gusta
así nos salga caro

más tarde
la llamada
Queremos luz
Queremos fuego
¿Nombre?
¿Dirección?
¿Código postal?

comprobamos
que la luz es buena
que la oscuridad se ocupa de los miedos
y nosotros de nuestra casa

pero no debemos
acercarnos demasiado a los rincones
los rincones
hacen desaparecer
cosas
y gente

No les metas cuentos

No son cuentos

queda un sótano por explorar
si bajan
y halan la cuerda
tal vez se prenda un nervio
niños no griten
y ellos gritan igual
dicen aaahhh
y ahhhhh responde
también se puede hacer de la voz una pelota
y ellos que se quejan
de no tener juguetes

la casa

digan casa
más duro
hasta la punta
de la nariz al cordón de los zapatos
entonen rujan bramen truenen ladren
con ganas
pico monto un dos tres por mí en el verde limón
salten hasta la existencia de algo
trompo y el primer ladrillo
golosa y un escalón
caucho americano y la baranda del segundo piso
parqués y la alfombra verde amamanta polvo
eso, así, más duro
que se escuche

digan casa
con sótano y pellejo de miedo a las cositas que pueden
 [despertarse en presencia de extraños
amarillenta oscuridad
trazos de hormigas piso piedra
piso moho
donde desenrollar este yoyo
donde montar el triciclo que encontramos en la calle

digan casa
y es de notar que la casa entra
por la puerta y la espera
y desfila su cola
y la enrosca por piernas y bordes

en menos de un descuido
entre la suela de unas botas de caucho
la casa cruje brama aúlla truena maúlla ladra
ojos azabache
pupilas dilatadas

dije suéltenla de una vez

no es bueno ser temido
por el lugar donde soñamos

casa paterna

esta cosa liberada de formas
parece a simple vista
la casa que todos quisiéramos tener
el centro de toda lejanía

más cerca
no es pared
es cáscara de un orden
los objetos contra los pobres rincones
las pobres ventanas
los pobres estanques
y la vida de los peces
no sabemos dónde va a parar
expulsada de sus formas redondotriangulares
por la ira de un padre
que no se quita nunca el sombrero

eso de allá soy yo
esa manera de acercarme al pan
no podríamos llamarla hambre
es la manía de buscar dictados en las formas del brócoli
lo heredé de los que dijeron: si reconozco la planta venenosa de
                                                       [la no venenosa
sobreviviré y hasta revelaré el desastre por venir
si el olfato me basta para seguir el transcurrir de la zanahoria
y morderla para cerrar los ojos
ante el flujo del naranja
la absorción del naranja

a la altura de una hormiga
ahora quiere ponerme a trabajar

si ella tuviera mi tamaño
haría conmigo a la cruda
lo que hago yo con esta carne desmechada

sin darnos cuenta el refugio huye
sin más pared que los deseos
de un padre
que no se quita nunca el sombrero

repetición del día martes una y otra vez
repetición del día domingo una y otra vez

si nos acercamos
podemos ver
lo blando saliendo del horno
aroma del miedo a la una en punto

Poemas recogidos de *Diseño de interiores* (Cardumen, 2019).

alimentar a los caballos

similus cum similibus curantur,
que quiere decir que los burritos se juntan para rascarse

las montañas de Catskill
el establo
un caballo marrón
él le dice
si fuera animal
sería un caballo

como el caballo marrón
que ella mira y dice me excita

cómo la excita
pregunta él
ella responde
como si las cosquillas quisieran reemplazarme, muy aquí, con la
                                                               [escasa noción que
pueden tener las cosquillas del aquí

seguramente el caballo la sepa abarcar bien
dice él
pero, advierte
si alguna vez ella se acuesta con un caballo
no volverá a tocarla

ella no está diciendo con perros
con gansos con cabras
dice con caballos
pero No es un músculo enfático
y ella comprueba cuando toca su mano

el No mayúsculo
impregnado de lomo
y dice no me acostaré con un caballo
para que siga tocándome
lo dice en serio
sabe
no existen otros caballos como él

las montañas de Catskill
se hacen las que no oyen que no saben
y rodean un lago antes un pueblo
removido del núcleo para contener
la reserva de agua de la ciudad donde él y ella
toman agua de la llave como si no estuvieran lejos
de lo que alguna vez los hizo cerca
de qué han estado cerca
no del futuro
pero existe
dónde
en el agua de la llave tal vez

si la mirada estuviera hecha para extraer lo otro
de lo uno
pero el ojo no ablanda
el cuerpo allá
marrón con la sustancia de lo vivo
su cola espanta moscas
sabe producir mirada
comer cagar ver oler una hembra
abalanzarse incrustarse
lastimar el reflexivo
solamente en comer
comiendo buscando más comida

gerundios del potrero
pero si hay una hembra
tumbar
arrasar
he ahí una palabra

he ahí una función

en contraposición las hojas
su postura de otoño
caen como si de caer hubiera adentro un canto
inspección del nosotros en la caída
el yo se instala en ella
él muta en otro
donde hay un yo y un tú hay un lugar donde crecen
y se ajustan y se enquistan las expectativas

alerta no quedar
en ese ahí de nos
qué hacer luego con esa pulsación
frente al semental jamás castrado
el espacio entre
se cubre de atmósfera
la visión declina
es ahora un asalto relinchante
y ella ya no está con una persona, ni con un caballo
está con la sensación de esa persona, de ese caballo

dirían que no se desea un objeto sino un conjunto

no me acostaré con un caballo
dice ella
pero cómo sabemos

los que pronunciamos palabras
y escuchamos promesas
los que creemos en mundos naciéndose
y otros acabándose
el mundo de las moscas, por ejemplo
el sexo con caballos, por ejemplo
de tanto desear que de ahí surja materia
no como pus
no como llaman los espíritus a lo vivo

materia como un colgar
de la firmeza de un caballo
la firmeza en que la forma encaja

formas colgantes que se parecen a aquello que las desea

¿qué se siente penetrar?
pregunta ella
debe ser, pero dígame usted
sabe más de esas cosas
debe ser apretar
que flujo se haga súbdito
materia que habla sobre cómo siente su materialidad
¿humedad? ¿barro? ¿qué?
Poder, dice él
poder sacar de un cuerpo donde el otro no es posible
el talón del amor

se podría hacer cuero de este momento
un cinturón de mirar un caballo
un cinturón marrón jala con su hondo animal
un cabalgar tal vez hacia un futuro
mejor hacia un presente

con anteojeras blindada la ansiedad de ser otro
tomados de las manos
la cabeza de ella descansa en la de él
y ella lo rascará, le dará guayabas, alfalfa
zanahorias

del porno y las babosas

no hay porno capaz de igualar
el apareamiento de las babosas

una afirmación sustentada
en no tener babas suficientes
para hacerle saber al otro
a los otros
las ganas que tenemos de que nos muerdan una oreja
que nos metan la punta de la lengua
en orificios donde no cabría
ni el más extraviado de los hongos

las babosas en cambio
ah, las babosas
sus falos
translúcidos nórdicos azules
se alargan
aprietan retuercen
giran blandos fecundos
saboreándose como la luz en el color
se lanzan al vacío
en un salto tal vez mortal
tal vez amortiguado
por los ángeles protectores
del porno y las babosas

Poemas recogidos de *Del porno y las babosas* (Deep, 2015).

Luz Andrea Castillo

(San Andrés, 1983)

Te he dicho
afuera habitan bestias encendidas
y su furia está colmada de lo raro

Deja que tu luz baste
lava el golpe
el agujero

No mires
pues el ojo traga como el hambre
y el alma jovencita
también se indigesta

¿Recuerdas?
Lo habíamos dicho
lo escribimos

No volveríamos por allí
no surcaríamos otra vez para plañir
y ahora

¿Qué he de decirte si te sorprendo
herida por el mismo filo
si aquí jamás
jamás volverías?

Madre
No tengas miedo
no es hoguera mi alma
ni duele como crees

Es sólo una torpe costumbre de recordar lo que no pasa
y una ira que se enciende
cada vez que pienso
en el primero que intuyó
las seis letras del Olvido

No
ya somos muchas
Todas agarradas a una misma barca
Ya es tarde

Muy tarde
aún para el miedo y para el ruego

(Las abandonadas lucen cada una su herida como vestido de fiesta)
Que se hace tarde les digo

Ahóguense ya o cerremos las venas
porque pasa el barco y debo ir
a coser
A olvidarme de sus miembros
y de estas formas de agujerear
esta triste barca que nos lleva

Mira
El gato persigue su cola
y ese amor es un conflicto que da risa

¿No ves?
Oh no importa
Limpia el cuarto
Bésate el rostro

Esta noche vendrá un ángel a darte de beber
y va a enseñar ese algo que te niegas
mientras saltas al abismo

Poemas recogidos de *El rumor de las voces* (Universidad Industrial de Santander, 2006).

Qué era
aquello redondo
que daba vueltas en torno a tu cuerpo

qué era aquel centro donde tus pies giraban

cuál era el nombre
el lugar del espanto
el diosecillo de barro subido a la espalda
que te jalaba el pelo
mientras decía en tu oído

redondo el vacío
ronda el vacío

Trazas el paisaje
henchida haces la faz
pero la noche
la que te hace ilegible
sin una extremidad
sin agua en qué llorar
pero la noche
la que te coge las manos
y te borra

Era un destino abandonar la casa
recoger
una a una
intactas
las migas de pan
y no volver a hallarla

Latido

y el corazón
que toca y toca y toca
en la puerta de la vida
y la muerte es la que abre

Esa casa
nunca estuvo en su lugar
sus límites se extendían sin tregua
se encogían sin pudor

Nunca hubo forma de burlar la cerradura
para entrar o salir

Y si por efecto
de algún artificio
conseguías entrar
la casa se quedaba afuera
contigo

Pero dime por qué madre
ni siquiera una luciérnaga
ni siquiera un bastón para cruzar la noche

No hallarás puerta
insana
está la casa

No hables
las paredes te dirán
que de espaldas
errará tu voz hasta secarse

(La escalera tampoco lleva a ningún lado
la escalera es un largo salto
por la lisa piel
del muro)

Digo cuerpo
y dices hueco al que caí
es el agujero por el que Dios
saca las manos y aplaude

La cuestión
es ahogar la sed
olvidar a Dios
no mirar las manos envejecer
fabricar mariposas
pequeñas flautas
para hacerlas dormir

¡ah!
no tienes más que palabras
y un maldito sombrero
bajo el que giras y giras
buscando tu espalda

Poemas recogidos en *Espejo cubierto* (Samara, 2010).

María Paz Guerrero

(Bogotá, 1982)

Me repito
por eso soy tantas a la vez
tantas que se me escapan
tiro una red para atraparlas
las cazo
una por una
cuando una muerde el anzuelo
la siento, la amarro
a veces la torturo, un poco, nada más
para que no lo vuelva a hacer:
irse de mí.

Arullas a esa ciega
indómita
con la canción de la memoria.
¿Acaso olvidaste que dejó morir las rosas
vendió los libros y borró tu nombre?
Tu madre
no sabe que su ínfima vida
es una cuerda
una rama
del árbol que le regalaste.

Llega con el incendio entre las manos
y el cuerpo calcinado de exilio.

Le habla en la memoria
a la vieja de sal, áspera.

Ella
perfora el aire con los ojos
adivina niños en los rincones
canta
como si no hubiera dañado
hasta el tuétano
a su descendencia.

Son demasiados los años:

este hombre ya no es el hijo.

La fruta anida en su fuego
una pasión doblegada por los años
estrechos
una fuerza que se quema en su centro
presta a morir
ah, qué velocidad la mujer
mientras la gata se asolea en el marco de la ventana.

Poemas recogidos de *Moradas interiores* (Pontificia Universidad Javeriana, 2016).

tiene brotes de barbas
en la cara
ha comido alambre
va tuerta
traga pasto
se encuentra
un hueso de corazón
tirado en el camino

roe el hueso
mientras ríe de hambre

quitarse la ropa
caminar en cuatro patas
rodar por el pasto
enrollarse en la arena que pica
ir al mar para lavar los ojos
dejar que las tetas
cuelguen en el aire

unos papás le dan a su hija de 9 años una canasta con 120 huevos. esa hija la lleva en la silla de atrás y la aprieta con fuerza. esa hija tiene ganas de orinar. no soporta más. le quema. esos papás paran el carro. esa niña hace un movimiento brusco al salir y la canasta se resbala.

120 huevos desparramados en el piso.

un mazacote de cáscaras yemas y polvo. así son las ideas.

uno es inteligente
uno construye un punto de vista que es auténtico

uno pone la tripa en una lengua
que demuestre que ha leído
—con juicio—
a su tradición

uno sabe que hay que elaborar esa entraña

uno vive, también

uno trata de estar al tanto de los discursos artísticos
y no alcanza a abarcar ni una punta
ni un grano
de toda esa desmesura

uno ve jóvenes muy adelantados
hablan tres idiomas estudian dos carreras

uno no va a transformar nada
uno es un ser humano

uno no puede vivir preocupado

lo que es es en la medida de uno

si uno tiene un par de amigos que lo escuchan
ya es bastante

a algunos les va a decir alguna cosa
y a otros, nada

uno batalla por tener una idea
es la lucha de uno

uno es su idea y lo que su cuerpo alcanza a darle
uno es la medida de su cuerpo

[…]

dios es débil come sándwich con mayonesa
dios no pide pan integral pide pan blanco
dios no cuida su figura
es fofo

dios tiene 53 años
arrugas
dios está menopáusico
le da rabia
odia su cuerpo que se ensancha
dios ahora es una nevera con espalda ancha
dios ha perdido sus curvas
dios es temporal y el tiempo ataca su figura
dios sale a bailar
con su nuevo cuerpo
y su cara ajada
se sienta en la mesa del bar de salsa
porque dios además

es latinoamericano

dios ha tenido que batallar
defenderse en la academia racional
ha ido descubriendo
con los totazos de la vida
que es caníbal
dios también es una perra
y justo ahora es perra arrugada y ancha
su regla se ha ido secando intermitente

dios va a bailar

[…]

[…]
dios quiere pagarse un curso de inglés

sentir a Nueva York en su piel de poeta
sentir que por fin tiene mundo
por fin sabe cómo escribir
por fin va a poder leer a Sylvia Plath en su lengua
escuchar su música sus vocales
ver si se le prenden a su español
que es bien suramericano
a ver si corta los versos a

lo Sylvia Plath

dios no sabe que cuando vaya a New York va a descubrir tanto mundo que le va a dar ansiedad se va a sentir un sudaca de mierda caníbal anacrónico vanguardista pasado de moda un pobre poeta que aún sufre como rata de laboratorio que aun desea un amor que lo abrace en las noches de un cuartucho por el que paga cantidades de dólares para ser un artista por fin ser un artista contemporáneo

dios no va a poder ser vegano en la capital del mundo porque no le va a alcanzar la plata por todo cobran por sentarse en una banca por respirar cobran entonces va a tener que comer comida chatarra para poder ir al museo a dios le va a tocar o museo o comida sana y pues dios sabe que es muy importante cuidar su cuerpo porque es un templo el templo que alberga su alma pero dios sabe que su verdadero motor es la carencia entonces dios piensa entonces decide por voluntad propia de manera razonada aunque angustiosa decide engordar en las calles de Manhattan prefiere ganar kilos en Brooklyn con tal de ir a teatro ir a exposiciones ir a ver la totalidad

dios quiere ser total
por eso compra libros
todas las semanas
ganarle a la carencia
siendo total
[…]

[…]

los ganaderos han ordenado desplazar y si no se dejan matar indígenas también han ordenado iniciar incendios en esa selva malva matar micos familias de micos manadas de micos hay mucha selva quemarla yo le pago el tipo tiene una familia de niños hambrientos de panzas redondas sin calzones que juegan en aguas pútridas aguas defecadas el ganadero le va a dar una buena plata con eso le echa cemento al piso de tierra le compra un vestido a la bebé una pistola de juguete al menor se toma sus guaros él sabe dónde conseguir la gasolina y empezar un buen fuego
[…]

Poemas recogidos de *Dios también es una perra* (Cajón de Sastre, 2018).

Carolina Dávila

(Bogotá, 1982)

Oscura, húmeda, viscosa por el calor, amontonada
la cáscara del café llega al metro de altura
y sobrepasa el muro que retiene
lo inútil, la masa espesa
blanda, separada del grano

    El grano puro se esparce en sendas placas de cemento
    al sol

La piel podrida se toma las grietas
se desborda
se cubre con los huevos de las moscas

Ahí
la chucha, la zarigüeya, intacta
Su piel sin desgarradura
domina el desperdicio

En el cuarto de herramientas
cadenas de pared a pared
un tendedero de básculas
ganchos, baldes, pólvora y escopetas

Con el tintineo la unión
con la unión la sangre
el rompimiento
y las moscas que vuelan lejos de sus crías

Esta historia comienza con una necesidad de hacerse cargo
arreglar las duchas de la casa
las fugas de agua
resolver el incremento en las cuentas de servicios públicos

Terminan en el baño ordenando cajones
Ella revisa la fecha de vencimiento de los medicamentos
frunce el ceño, desecha un par
A él le resulta sexy su exagerada preocupación
el miedo a una muerte de la que sin duda se enteraría
meses después

Con esta dinámica
le hacen el quite a lo importante
sientan las bases para un aséptico final

Una puerta se cierra y separa los días
que sucederán en escenarios que coinciden
en un cúmulo de recuerdos fragmentados:

Alguien ajusta un ahorrador de agua en la cocina   alguien lee en cinco lugares diferentes de la casa   alguien riega el jardín, siembra una planta   alguien se topa dos veces con un verso que *agradece el deterioro*   alguien pasa la noche fuera alguien sale en la madrugada a reconocer las calles   alguien oculta una pequeñísima verdad   *no se lo dije, si no lo preguntó*   palabras que nadie dice y en las que nadie cree

Nos enseñaron a amar en la precariedad   territorios demarcados   esferas de dominio   títulos de propiedad   sutiles   redondos

brillantes   Nos enseñaron a ser frágiles   a hacer responsables a
los otros   a tener siempre a la mano una triste historia de la
infancia

Alguien ve el atardecer mientras le suben por las piernas las ganas de
cambiar el mundo   Alguien hace el amor en una escalera en   un
peral   en una esquina oscura y a escondidas

Alguien asume un riesgo   pequeño   minúsculo
insignificante

Alguien hace el amor en una escalera   desata un nudo   en silencio
asume un riesgo   Total se va del pueblo   total le queda chico

[El cuerpo, el agua]

La fluidez de la caída
un verbo en constante vibración

Dos cuerpos que se empeñan
en juntarse
en traspasar
la barrera de la carne
como si la sangre pidiera sangre
y los huesos pidieran huesos
y cada parte la comunión con su igual
en el cuerpo que se abraza

Pero no se abraza el líquido
la palabra inasible
aquello que tiene la cualidad de mezclarse

Lo que al corromperse despierta

Tres días
y
      –en medio del estacionamiento–
el cuerpo del pájaro
intacto

no lo transforma
el desierto   no la llanta
ni hay huella como herida abierta

En el lugar del que vengo
las moscas lo toman todo
fundan su imperio
de malaria y dengue
y la sangre llama la sangre

No distinguimos vida y podredumbre
por eso la risa y la canción en cada espacio
que era de la rabia o el duelo

Allá nunca un animal
alcanzaría a consumirse desde dentro
nunca el rencor como
músculo calcificado
como hueso que se atora

Acá, el pájaro
en su cama de plumas secas
sin reguero de sangre
sin la última seña
de su pálpito

Nuestra casa y su privilegiada vista
el aire que bajaba de la montaña
el frío

En las manchas de las paredes retumbaban
las palabras, el bum de los tambores
el dolor de la gata, el parto
y la ternura de sus cinco crías

Nuestra casa éramos nosotras
Ropa, cama y cocina comunitaria
los bailes poblados de mujeres

También la ventana rota
el ascensor dañado tres de los siete días de la semana
y los hongos en el techo de la ducha

Fue la maternidad
el cáncer, los golpes contra el mundo
las pancartas y la canción de Violeta Parra

Luego el silencio
el café servido

Nuestra casa
la dejamos una a una
tú, la gata y yo
con los muebles hechos un arrume
la bola de pelos que no limpiamos
las botellas de cerveza

lavadas y selladas
para evitar los malos espíritus

Todo respirando humedad
todo lo nuestro resguardado del contacto

Hombres trepados en los techos
revisan tanques, obstrucciones
desechan animales
muertos, a través de las rejas
en la distancia
el mundo se despliega como un mapa desbordado

Río y selva
palabras que comparten el mismo eco
y se funden en un escurridizo sustantivo

Antes del verde está la niebla
y antes de ella, el húmedo sueño de la lluvia

Cuando escuches el trueno me recordarás
y tal vez pienses que amaba la tormenta,
dice Ajmátova desde otra violenta geografía

Relámpagos y truenos
duran el tiempo preciso para creer
que la tierra
quedará suspendida en el destello
en un sonido recóndito e inerte

Cuatro días de música rígida
multitud de gotas
filos laboriosos sobre las tejas y el óxido

A treinta grados
con sensación térmica de treinta y siete
y humedad del noventa y uno por ciento

> *me pregunto si alguien ama la tormenta*
> *si alguien se pregunta si existe quien ame la tormenta*
> *si hay cuerpos, justo ahora, que se aman mientras aman*
> *la tormenta*

La lluvia cae, es un muro
que deforma la realidad del paisaje
su ardua superficialidad y lo que esconde

: dardos envenenados, oro, lenguas moribundas lamen
con su última humedad cauces y raíces

El agua es el idioma que se impone
Su fuerza es la única voz
No hay lugar
para diferencias interpretativas
para debates sobre la legalidad o el progreso

Todo es mío –dice la lluvia
Esa es su sentencia inapelable
Su palabra (des)hecha (en) carne y hueso

Salta del níspero
al matorral

observa desde abajo
–con sus siete años y sus grandes ojos–
el fruto luminoso y redondo

antes de caer
de estrellarse
y no ser más
que
cáscara　　y　　pulpa
　　　　desparramada

Poemas recogidos de *Variables de riesgos* publicado en *Imagen (in) completa* (Universidad Externado de Colombia, 2018).

Con la lluvia no penetran otras aguas

Yo amaría a esa mujer que deambula
por un desierto de noches heladas
mientras le llegan los rumores de algún puerto
pero no rompen ellos su silencio
ni suavizan los surcos
que el dolor trazó en su cara

La amaría porque no se doblega
porque con la lluvia no penetran otras aguas

porque su cuerpo se abre ahí
donde a la primavera no le alcanza

Postal de Buenos Aires

Esta ciudad está viva
y es como la gorda mujer que canta mientras todo tiembla

Como esa mujer a la que no le importa que el mundo
vaya a pique
porque se levantó hermosa
o se maquilló demasiado
o usó zapatos altos, unos zapatos rojos, altísimos
que le alargaban las piernas

Y es también como esa mujer que soñó algo obsceno
muy sucio
y sonríe toda la jornada
     frente a la pantalla
          en su oficina

Sí, esta ciudad está viva
y es una mujer

O tal vez es un film italiano largo, muy largo
que en el minuto noventa y cinco se harta de sí mismo
y entonces canta, vibra
y decide ser un homenaje
algo menos real y más histriónico

Yo
(que sé de ciudades que también son mujeres)
lo noté de inmediato
en sus adoquines flojos
en sus balcones desvencijados

en su lluvia
más pasional que cualquier llanto
que viene fuerte y se detiene
como una mujer que cede y luego se arrepiente
para al final ceder de nuevo

Poemas recogidos de *Como las catedrales* (Universidad Nacional de Colombia, 2011).

Lucía Estrada

(Medellín, 1980)

Medusas

Te mueves en un mar perplejo. Tus ojos desechan antiguas claridades en las que un árbol era un árbol, y la ardiente sal, un motivo para ir por el mundo.

Como los restos de un barco, te dejas abrazar por el oleaje. Tienes piedad de ti, y de aquello que dejaste en la orilla.

Abiertas medusas te rodean. Es verdad que todo tiende sus redes hacia ti en este instante. Quieres volver porque tienes miedo, pero ya es imposible. El secreto debe ser devorado completamente. Vuelves, sin embargo, dentro de ti, reconoces como cierto el rojo impulso que te lanzó al mar.

Respiras más allá de ti, más allá de nosotros. Haces que la carrera sea más larga. Te sigo de cerca sin saber, sintiendo cómo los días se desintegran, cómo el error va ganando altura y se arroja indiferente al vacío.

La piedra que sostuvo tus pies por un momento se hizo polvo antes de que pudieras arrepentirte. Para entonces todo estuvo de acuerdo; la luz, la línea exacta de la noche.

Cada vez más dócil al remolino, cada vez más dueña de la libertad de perderte. ¿Qué harás para llamarte en medio del fragor si en el horizonte azul se pierden también las palabras?

Deja que la corriente diluya entre nosotros este tiempo sin orillas.

Regreso a Ítaca

Impronunciables la luz, el agua que corre y la piedra que silenciosa la recibe. Impronunciable aquello que visto tras el humo, permanece.

Sabes que habrá otro día, otra noche, un tiempo detenido en cada línea de tu mano. Ahí están las palabras puestas una detrás de otra, inservibles, ocultas en su condición de niebla.

Algo en la sangre encuentra su abismo, la estrella que no alcanza mi voz. Algo en la sangre se resiste, y es oscuro y hondo.

Amarrados al mástil, sordos a la lógica del fracaso, nos dejamos tentar una vez más en contra del viento, laberinto de aguas revueltas, ciego resplandor que se abre y no termina.

Nota encontrada al margen de un poema de Anna Ajmátova

No tengo su nombre, pero también los pájaros vienen a morir a mi ventana. No tengo su rostro, pero mi gesto huye en inmóvil despedida. Si en lugar de quedarme decidiera ir al encuentro de lo que resplandece para su propio regocijo, si lograra al fin saltar la cuerda, intentar los pasos que me llevarían al centro de la fiesta. Pero qué lejos el mundo visto a través de mi máscara de hueso. Con cuánta inocencia podría recuperarlo… Pero he aquí que miro siempre en otra dirección, disperso el oído, casi muda, vistiendo los trajes que no fueron hechos para mí, viejas herencias del hastío. A todos nos reunirá el polvo –dices– sin embargo, mis pies se desvanecen antes de tiempo, no alcanzan, no persiguen ninguna señal. Son el miedo a todos los lugares, a los desniveles, a la tierra firme… Escucha lo que en este grito hay para ti –dices– y no busques lo que has de ver en otros ojos.

La noche nos ha dejado completamente ciegas.

Ofrenda

Por un momento el cuerpo se resiste, la sombra a la que has acostumbrado tus ojos. Una cuerda alrededor del cuello, el peso resplandeciente sobre tu espalda. De nada vale, entonces, oponer tu verdad a esa violencia que te hunde fácilmente y te derrota a las puertas de ti mismo. Tiemblas.

El aire ha desnudado sus ramas. Eres un pequeño animal entre los dientes del tigre, y tu sangre dibuja siluetas húmedas, imperfectas que nada saben de la luz. Adentro, cada fibra arderá hasta consumirse. Tiemblas, piedra de sacrificio arrebatada a la noche. Todo en ti muerde, se contrae. Adentro y afuera, como una llamarada en pleno rostro.

Te abandonas. El día destajará tu cuerpo. Después de todo, eres parte de la ofrenda.

Alfabeto del tiempo

A Eugenio Montejo

Imposible saber la hora del polvo que se acumula y va tomando cuerpo en lo que no miramos con fijeza. Solo y amargo, como un presentimiento, tiembla un instante a contraluz mientras se extinguen los minutos, las palabras, los pasos que acercan su verdad.

Bocas abiertas al hastío, puertas cerradas para siempre. Pequeñas sílabas de un alfabeto anterior que se diluye en oscuras imágenes que no logro entender. Tiempo, ¿qué haremos con el horizonte? Muda de un silencio antiguo, extiendo mi mano para que no pasen, para poder mirarlas un poco más, para que el no saber me acerque a ellas, para hundirme en su no aspiración y desaparecer secretamente como un enigma, como una sombra, o como el pájaro muerto al que ningún aire reclama.

Memoria de polvo y hueso

Mi temor por descubrir lo que respira agitadamente tras el muro. No una palabra, ni siquiera una pregunta; acaso un animal extraño y sediento como yo. Habito los mismos lugares, la misma tierra removida por los años, el mismo aire húmedo, la luz empozada de millones de soles que pronto desaparecerán por completo.

Las mismas sombras proyectadas por la luna sobre la madriguera de Alicia. Cuerpos que se alejan perseguidos por un mal presentimiento.

A veces advierto señales inciertas en un cuenco de agua. Las bebo hasta el fondo, hasta comprender que el hastío tiene la forma de una oscura necesidad.

Mi amor palidece bajo el peso invisible de un destino que no busca, pero tampoco encuentra. Mi amor como el deseo de ser gato, trapecio, algo tangible que pueda sucumbir como lo hacen tantas cosas en el mundo.

Hace tiempo el mar que ondea en mi oído devora los puentes que construí en sueños; la sal muerde la raíz de mi lengua, el techo de la casa, los tréboles del jardín, los rincones por los que huye la liebre.

Hay una salida, pero es necesario cavar hasta encontrarla, romperse las manos hasta hallar la cerradura. Cavar hasta volver al principio, hasta no recordar nada, hasta ser sólo un hueso, una piedra, un fragmento de algo que una vez fue, y ya no importa…

Del laberinto de Ariadna I

Toma este delgado hilo de sombra y envuélvelo en torno a ti. Ténsalo hasta el límite. Comprueba su resistencia. El roce oscuro pronto ganará la carne, el hueso, la médula feroz de tu memoria.

Insiste en el corte que aguzará tu oído, tu lengua. Insiste hasta que seas de la herida su cerco de palabras afiladas.

De un extremo a otro de la sangre, allí donde la luna marchita alimenta a sus perros, extiende su línea sedienta. Pero no lo rompas. No rompas la noche ni la palabra espejo. No rompas lo que has escuchado ni la voluntad de seguir en pie sobre el hielo que cruje, bajo el ardor de tantas lámparas contradictorias.

Toma entre los dedos este delgado instante; púlsalo como a la sola cuerda del piano en la torre de Tübingen.

Ésta es la última posibilidad de aferrarte. Ténsalo en torno a ti. No lo pierdas

Del laberinto de Ariadna III

La cuerda se rompe por su parte más débil. Tensión que se basta a sí misma, y a sí misma se desgasta. Tensión que viene desde la más pequeña fibra, allí donde bailan, gritan y golpean las sombras, las que aceptamos, aquellas con las que tropezamos.

Inútil tratar de comprender cómo a cada palabra, a cada intento de perfección se debilita aún más. Inútil proteger ese fragmento que también eres, que también soy. Inútil esperar algo nuevo. De ti, de mí, de nosotros.

Si otras cuerdas se rompen, no es asunto nuestro. Cada quien volverá a unirlas a su manera. Pero cada quien, como nosotros, la sabrá al filo de su propio corazón, de su propia –y torpe– insistencia...

Mar de Barents

Hemos llegado a este punto. El menos posible, pero también el más cierto. Una montaña que escalamos en sentido contrario, pacientemente, desde nuestros mejores días. Nos esforzamos en ello, sin norte, como si alguien más guiara nuestro destino. Una mano perversa y obstinada, al fin. Ahora lo vemos. Se advierte su trazo impecable en esta página sin margen, en este sordo descenso que aprieta la garganta y obstruye la luz. Pero aún queda algo de nosotros. Un poco de aire reservado, una imagen, una palabra dura como piedra. Una palabra que atraviese el metal o sirva como ancla. Una palabra que encierre todo, que lo libere todo.

De algo estaremos a salvo. Aquí adentro nada que no esté desde antes con nosotros puede herirnos. Todo riesgo evita molestias menores. No hay intemperie. Ni siquiera un cielo cerrado. Las voces ahogadas de la memoria ya nada recuerdan. Un amargo sabor de musgo donde antes hubo lenguaje. Sensaciones como abismos. Un silencio incomprensible. Un silencio que no es ausencia de otros. Un golpe seco que ofusca el oído. Una sílaba ciega. *Escribo en la oscuridad...*

A una sombra

Sueño teñido por la locura: noticias de barcos perdiéndose en la lejanía, dolor de sal que habla a través de las bocas de las mujeres. En las manos de alguien leo su desamparo. Noticias ahora fragmentadas como antes lo estuvieron sus cuerpos.

Reaparecen, nos miran. Todas las posibilidades del horror reunidas en el espasmo de saberlos vivos en algún lugar respirando un aire de ceniza que los lleva lejos, más lejos que la muerte.

Alguien grita sus nombres, pero es a nosotros a quienes llaman.

Peldaño 1

Has vuelto a casa. Paredes por todos lados, y una que otra escalera para empezar a morir. Miras tu cuerpo. Arde sin ventanas. Sin embargo, se está bien aquí. Los objetos muestran su condescendencia. Tienes miedo. Poco a poco, el aire cerrado irá tomando posesión de los minutos, de las horas, del tiempo que se mueve a tu alrededor en danza macabra. Te acostumbrarás. Pronto serás la misma.

Si algo ha empezado a romperse, arrójalo al fuego. Celebrarás la humareda. Te esperan los más grandes asaltos a tu tranquilidad. Siéntate y aguarda pacientemente. Lo que no sabes definir te mira desde la sombra.

Has vuelto a casa. Recuerda registrar cada uno de sus rincones, no sea que no te reconozcan. Hazlos parte de tus vértebras, de tu necesidad de llevarlos cada día sobre tus hombros. No hagas nada que rompa el hilo de las imágenes que vendrán a tu encuentro.

Te resistes, pero esto sólo durará un segundo. Al fin y al cabo, tras la hiedra no hay mucho para ver.

En el patio, en la fuente que alimenta el musgo, te sentirás por primera vez a tu favor. Te escurrirás como antes bajo las vigas que traquean, junto al cristal que empieza a fragmentarse.

Estarás bien reaprendiendo el nombre de la ruina, y tus manos serán aprendices de una nueva forma de olvidar. Nada ni nadie podrá echarte en cara este favor. Aquí todas las sombras tienen su oficio y lo cumplen cabalmente.

Afuera, quizás, hablarán de ti. Sospecharán que te has convertido en niebla. No hagas caso. Te espiarán por las hendijas, pero para ellos será un espectáculo vacío.

Has vuelto a tu silla y a tu mesa. Tu lámpara hablará de nuevo para ti. Polvo, ¿quién eres? Es su paso el que muerde dulcemente tus pulmones, o la ceniza, o el espejo que atravesaste la última vez. ¡Cuánto no has cambiado!

Permite que la noche vigile tu puerta.

Último peldaño

Escribo con la última luz que me asiste. Pero no es fácil. Su rumor áspero trepa por las paredes, hace menguar la luna y los espejos. Siempre he temido a la doble noche de su mar en sombras. Al pulso que aprieta la garganta. Resistiéndolo, cabalgo por encima de mi cabeza para luego caer salvajemente, allí donde sólo existen los brazos extenuados, la boca cubierta de sal, el olvido atroz de todo lenguaje, donde no hay lugar para las palabras. Escribo para darle forma a la muerte, pero también a los pájaros que cruzan el cielo en lentas migraciones.

Intento aferrarme con los ojos a este pequeño reducto de consciencia, a la realidad que tiñe de bruma cualquier posible horizonte. Pero los ojos no resisten. Sucumben a su vocación de peces que se dejan arrastrar por las olas. Escribo para despreciar su abandono, para devorarlos hasta el silencio. Algo quedará en la página. Una estrella invisible, un mapa de agujeros negros, un grito sumado a la voracidad de otras aguas, de otras oscuras navegaciones.

Poemas recogidos de *Katábasis* (Tragaluz Editores, 2018).

Camila Charry Noriega

(Bogotá, 1979)

Fuego de los días

De espera en espera consumimos nuestra vida.
Epicuro

Por acá todo es casi fuego a diario,
el perro olfatea en la cocina
las cenizas de la luz;
eso es la desaparición
la ausencia de la lengua sobre el pan,
los ojos que desean lo que se hunde
en el misterio del mundo.

Yo no sé si es bueno nombrar,
yo no sé,
pero a veces
cuando amenaza el fuego lo más elemental,
uno se pregunta si de esa manera debe ser todo.

En la cocina
la tetera canta exasperada
y el olor a hierro quemado es el único vestigio
de un agua seca y reseca,
inexistente
entre el fondo negro de la olla.

Otro día es un cigarro que encuentra entre silbidos
el blanco corazón de la colilla que se ahoga,
allí el fuego es pasado,
certeza limpia.

Así también pasa con el cuerpo
y uno sigue preguntándose

qué lo quemará:
una enfermedad en los pulmones,
un carcinoma,
un balazo, una traición.

Quién sabe qué extraño fuego
acabe esta espera.

Centro de la casa

> *Finalmente descubrimos que corremos en pos de*
> *sombras tan efímeras como inconsistentes y no podemos*
> *encontrar nada que sepa satisfacer a la nostalgia...*
> ARTHUR SCHOPENHAUER

La casa queda en la frontera.
El salitre sustituye la materia
que los ojos en otro tiempo
llamaron luz.

Sobre la piedra hundida
el salitre, por el peso de la hierba
se coagula.

Hemos olvidado todo.

Quisimos echar el río atrás,
devolverle a los huesos su peso,
recobrar el aire que los suspendió un momento
y los batió ahogados entre la carne que se hacía recia.

Pero la casa en la frontera
fue devorada por la hierba
y las fieras la habitaron.
Las vimos acomodarse,
abrir sus fauces,
tajar lo que quedaba.

Nos sucedieron y olvidamos.

La médula rebanada
bien adentro,
siempre fue el centro de la casa.

Meditación

Aquí fumando,
mal hábito deseado,
el letargo es contingencia.
Estirar la mano entre el humo y el cenicero,
amputar la ceniza y de la incisión
extirpar el signo.

Los malos hábitos
se aprenden a escondidas,
mirar bajo el vestido de una monja,
en el vino encontrar la salvación
y ante el gesto generoso de los hombres
confirmar la inexistencia de Dios.

Pertenece al artificio,
a la civilización,
el escándalo.

Por acá, sólo el humo que fluye,
la pena del fósforo que no atina
al cuajo.

Cuánta carne sobre la tierra.
Cuántos coágulos.

Poemas recogidos de *Arde Babel* (Universidad Externado de Colombia, 2012).

Segovia

Los perros también se acercaron
pero el hedor los alejó,
a ellos, que han aprendido a destilar de lo amargo
el amable vapor de la belleza.
El cuerpo ladeado se entregaba al abismo
suspendido de una rama, sus pies se sacudían bellamente,
la cabeza inclinada hacia los ojos de sus padres
parecía vieja, aguerrida
en ese cuerpo hinchado y extraordinariamente joven.

Abierto el vientre dejaba ver la sangre seca que retenía
los órganos
como una mueca generosa de la muerte.

Los padres se balanceaban abrazados
tristísimos sobre sus propios pies
bailaban al ritmo del cuerpo que pendía de la rama.

Las herencias

Hemos heredado lo bello
de todo lo que nos cubre con su espanto;
la sombra del pino donde cantaba el día
el rincón del cuarto donde murió la pasión.
La luz sostiene hoy una música triste
que sobre el cuerpo se cierra;
luz carnívora que envenena el futuro.
Heredamos, como una enfermedad,
el amor por lo que huye
la herida que cicatriza sobre la herida de siempre,
el largo detenerse de los pasos que se alejan,
los ruidos menos humanos que el pánico hace familiares
como la presencia de Dios.

Patria

El niño recoge espigas de sol.
Vuelve sereno y cantando por el campo.
Revienta sobre su cuerpo el fusil del asesino;
lo embiste la noche.
Vuelan por el aire sus ropas como banderas
de una patria con cualquier nombre.

Poemas recogidos de *El sol y la carne* (Torremozas, 2015).

El perro muestra frenético sus dientes

y corre con su presa entre la boca
llanura adentro;
ha sido largo el suspiro exhalado por el que ahora es un cadáver
banquete que entre mordiscos
el hambre y el instinto riñen.
El perro cruza luego la noche,
la tiniebla que para él resulta el mundo humano.
Jadea, lame las magulladuras de sus días
        sabe, entiende
qué son la soledad y el destierro,
pero desconoce la función del tiempo,
su impostergable cometido;
envejecerlo todo, acabarlo todo.

Como el perro
mis labios riñen con la vida y tragan luz,
jamás sacian su hambre,
ya adentro
la luz es un rayo
y se extiende por las entrañas del cuerpo
que también cruza la noche
magullado, solitario
consciente de que será cadáver,
banquete del tiempo;
ese otro perro
que llanura adentro,
noche adentro,
todo lo devora.

Poema recogido de *El día de hoy* (Garcín Editores, 2013).

Destino

Bajo el sol de la sabana pastan las vacas.
Entre la neblina que asciende
son aparentes montes que se deslizan
en medio de la hierba crecida y despojada
de su vuelo.
    Miran todas hacia el mismo rincón de la mañana;
inocentes creen
mientras rumian
estar destejiendo su destino.

Poema recogido de *Otros ojos* (El Ángel Editor, 2014).

Actos renovados

Se deshila el pellejo
se arranca y asoma
la carne que deslumbra los ojos.
Se sosiegan los nervios
se los hace cantar como a raíces
de un árbol enterrado en el cuerpo.

Los cuchillos se acomodan boca arriba
sus aristas recuerdan las costillas de un mal amor.
Luego se lame el filo
el pasmo
y sobreviene el crujido de la carne rasgada;
lo crudo que se olvida con la primera mutilación.

A los tenedores hay que agarrarlos por los picos.
Tres dientes
tres astillas afiladas que espantan a la presa
y viven famélicos,
plenos de hambre.

En la penumbra las cucharas eran
peces extraños de cola esbelta;
las vimos otras veces
encima de algún plato,
animales satisfechos en plena digestión.
Entonces era mejor no tocarles la panza de metal
pulida, repulida como una bella retocada.
En su cóncavo estómago podía uno contemplarse:
un ojo alargado, deformado por el metal que escarba el rostro.

Sencillo despojar del pellejo,
salvar la carne lívida que late a la espera.

A veces había luz porque el cuchillo
cambiaba de lugar y su destello cortaba la sombra.

No sabíamos mucho sobre objetos de cocina
apenas de las ollas y los platos,
de las tazas donde el agua es oscura.

Objetos oscuros

> *Todo lo que ha sido es eterno;*
> *el mar lo devuelve a la orilla.*
>
> NIETZSCHE

La naturaleza de algunos objetos
templados por la urgencia de los ojos que los mira
es a veces sólo barro conmovido
que se cuece en su limpia eternidad.
Permanece su sustancia en las entrañas
como un pozo;
en esos objetos crueles se funda la belleza
y el hombre que los canta
desdeña la posibilidad de que sean de otra parte,
de otro mundo.

Sólo acá,
consagrados a la vida humana se agotan y resucitan;
entre dos ilusiones se debaten
y son
en medio de esta isla
la ineludible tabla de salvación.

Nos conmueve de ellos su corazón tan real
y así fundan esta casa,
la hacen eterna.

Idénticos a sí mismos
el ojo ante su fuerza se quiebra;
nos contienen
y son capaces de hollar la más firme voluntad;
atentos a nuestros movimientos

*son pequeños núcleos
que en el cine sustentan la vida de la obra*
y en la vida
emergen desde un fondo indistinto
para obligarnos a amar un nombre
a olvidar nuestra voz bajo el cielo *desplobado de dioses;*
son testigos de esta corta ruta
encendida por ellos y en su gracia.

La música como una gota oscura
que beberemos;
el seco papel
y el lápiz y la punta agotada;
la silla después del viaje
y el perro que a la sombra de la cama
escucha nuestros pasos y sacude la cola
como sacudiendo el ensueño.

Materia, toda esta materia amada
en la que lo más hondo se revela.

Poemas recogidos de *Materia iluminada* (Uniediciones, 2019).

Catalina González Restrepo

(Medellín, 1976)

Acertijo

Hilas el día
y tejes el olvido
con la mirada de todos.

En la noche,
descoses para el recuerdo
esperando al viajero
en el tálamo nupcial.

Si algún día regresa, no lo reconocerás,
estarás vieja y él marchito;
reunirán sus cuerpos resecos para un funeral.

Expúlsate ya del paraíso:
Amar es imposible.

Silencio en la mesa

Mientras masticamos la carne del abandono
alguien ha corrido una silla
para sentarse y beber con nosotros.

Vivimos en sonidos que no podemos decir,
improvisamos un concierto que jamás vendrá:
el piano suena muy alto y mis voces callan.

Morir es mejor que oír,
los músicos son niños con hambre.

Dioses pequeños

Dormimos como hermanos,
reptiles a punto de despertar,
en una cama que no es de nadie.

Estamos enfermos,
amar es un vicio
que nos ha dejado ciegos.

Todo lo sentimos ajeno,
sólo tenemos el miedo
y esta maleta que empacamos
y desempacamos al ritmo del deseo.

Poemas recogidos de *Afán de fuga* (Editorial Universidad de Antioquia, 2012).

Cristal

La imagen se repite
como una pesadilla infantil.

El cuerpo de la juventud
reflejado en habitaciones
donde los espejos cubren las paredes
y el miedo se confunde con la inocencia.

Aprendimos el juego del deseo
hasta la vergüenza,
hasta quedarnos sin cuerpo
ni espejo.

El poeta de la bailarina anónima

Una bailarina ronda tus páginas,
mis pies ni siquiera aparecen.

Ella se ha ido,
pero se detiene en tu retina.

Podría ponerme zapatillas,
danzar,
y sólo la verías a ella.

Seguirás disfrutando banquetes en soledad
que quemarán los paladares,
ella será alimentada por tu memoria
mientras muero de hambre.

Viaje

Hemos sometido nuestros cuerpos
a los rigores del instante
y este mundo se ha agotado
para nosotros.

El frío nos ha llevado al hastío,
el verano amenaza con devorarnos.

Sería mejor cambiar todo el equipaje
pero la memoria es caprichosa,
en las aduanas hemos perdido
algo irremediable.

Alimento

Revisamos nuestros buzones
esperando siempre la última carta,
vivimos para recibir.

Somos como pájaros que guardan las alas
mientras sus corazones laten
en pechos calientes.

—Yo cargo tus palabras en la cartera
como una limosna extra—.

No podemos dormir,
soñamos con anillos en cada dedo,
que mides mi torso con tus manos
y descubres la piel
antes de que se marchen los invitados.

La última batalla

Llegas luminoso con el día,
tú, que te creías derrotado,
y prometes borrarlo todo
y haces que soñemos con carrozas
cuando nos debatimos con leones.

Somos dueños de casa,
huéspedes del asombro,
nos vestimos de rojo
y dormimos sobre manchas de fresa y leche.

Nunca faltará el vino en nuestra mesa,
siempre la azucarera estará llena.

Poemas recogidos de *La última batalla* (Pre-textos, 2010).

Talismán

Aunque no soy bailarina,
y quizás extravíe las zapatillas,
encárgate de la música
para que no nos visiten los muertos,
extrae para siempre el veneno.

Poemas recogidos de *Una palabra brilla en mitad de la noche*
(Universidad Externado de Colombia, 2012).

Ofrenda

Imagino que me acaricias
dormida,
que llegas cansado
a mi sueño intranquilo
y una constelación
se erige en tu nombre.

Vejez

Para qué lentes si tenemos los ojos cerrados,
si nuestras rodillas se han agrietado por la espera
mientras los niños las raspan corriendo.

Somos huérfanos de nosotros mismos
en ciudades de mañanas con luna
y sirenas constantes.

Como aves de mar en cielos grises,
no sabemos cuántas vidas iniciamos.

Aplazamos los viajes,
ensayamos trajes que no nos quedan,
concebimos hijos de extraños.

Cuidamos bien nuestros refugios,
deseamos que una palabra nos detenga,
revelamos un secreto que nadie escuchó
y ya lo hemos olvidado.

Mendrugo

Y ese día sentí que ya no sería más joven,
que la muerte, como hace cuatro años,
estaba a mi costado.

Nadie la había llamado,
tampoco venía por mí,
sólo quería un trozo de mi vida,
ella, la mendiga,
pero yo no se lo di.

Una palabra brilla en mitad de la noche

Después de tanta oscuridad en el mundo
e imponentes rutinas diarias,
algo nos llama.

Más allá del laberinto escalonado,
del recorrido incesante,
nos espera la palabra.

Sandra Uribe Pérez

(Bogotá, 1972)

Hipótesis tardías

Si mi casa estuviera hecha con palabras
no me calcinaría el silencio,
la humedad y las grietas
no serían más que metáforas del frío
que se alimenta con mis huesos.

Si mi morada fuera un poema
tendría una fuente en la mitad del patio
y las monedas oxidadas
por la memoria de tantos deseos perdidos
no hablarían en los bolsillos del hambre.

Si la argamasa de los muros
estuviera hecha de aliento incontenible,
si las vocales llenaran las horas
con ese humo que no asfixia,
sería difícil desprenderse del fuego,
alejarse cuando el crepitar se hace canto
y la luz sube por la garganta:
no mediarían en la atmósfera
los vocablos de la muerte,
no podría, como ahora,
olvidar la manera de respirar.

Hondura innombrable

Me extravío en la contemplación de la sed
y pronuncio las grietas del deseo
con una lengua desconocida y ebria.
El dolor es ahora una nebulosa en la garganta,
una fluctuación salobre,
un fervor palpitante que se agita en la sangre
al pulsar las raíces de la ausencia.

¿Cómo es posible que el amor
fuera un navío fletado hacia la muerte?
¿En qué ruta mi boca se apartó
de los besos que un ángel húmedo había depositado?
¿Qué indicio terrible me arrastró
hasta el fondo del océano?

En la mar de las tribulaciones
habita un nombre que ya no existe,
el cadáver de un beso abandonado en la orilla,
un naufragio íntimo
perfumado con las fosforescencias del silencio.

¿En qué instante me dejé seducir
por las profundidades?
¿Qué designio me condenó a ser una criatura abisal?
¿Qué verdad pavorosa se oculta
entre las multitudes de algas?

Me extravío enjaulada en una cárcel de agua y sal,
en la hondura innombrable
donde sólo fulgura la saciedad del vacío,

donde llorar es una labor inútil y redundante,
donde al amor es una embarcación
que se hunde entre la pesadumbre.

Cartografía

Trazo el poema y su desnudez me aterra.
El fervor con que se aferra al papel
es el mismo de la sangre en tránsito.

Cada palabra es una iluminación
que antecede a la niebla,
un paso certero hacia el abismo.

Y esa verdad de tinta que se enreda en los ojos,
ese mapa de horas a punto de extinguirse
se convierte en la memoria inútil de tu tiempo.

La sombra es ahora un pájaro del que no puedes huir.
Toda la música de lo escrito arde en tus venas
y te condena a tu propia destrucción.

Poemas recogidos de *La casa* (Universidad Externado de Colombia, 2018).

Embargo

He quedado endeudada
con todo el mundo

Vienen a mi habitación
a ver mis pertenencias
y me llevan a mí misma
–que soy lo único que tengo–

Ahora ya no tengo nada

Poema recogido de *Uno & Dios* (edición de autor, 2018).

Carta

Por medio de la presente
yo Dios
certifico que:

Como pescado
No hago las tareas
No manejo despacio
Duermo cinco horas
Me gusta Bach
No tengo buena ortografía
Soy *hateo*

Poema recogido de *Sola sin tilde* (Arcano Editores, 2003).

Tenue desnudez

Te acercas al borde del abismo
y presientes la luz debajo de la niebla.
Sabes que la música es un silencio triste
en los parajes del miedo,
que el alba ha dejado de existir
y ya no te acompañará.

Descubres el frío,
la carne rota y la desazón,
y entonces comprendes
que a pesar de todo eres apetitoso para la muerte
y su corte de gusanos.

Ahora que la luz es sólo un delirio,
ahora que la voz del aire
se observa carcomida por la sombra,
despiertas sin despertar.

Hurgas entre los pensamientos
y la última imagen
es la de un túnel saliendo de ti:
la tenue desnudez.

¿De qué te sirve repartir los huesos,
leerte entre los «colmillos» de los hambrientos,
oler la noche y creer que se trata de estrellas podridas?

        Todo inútil.

El hedor, el brillo roto y el hastío
asedian tus horas extraviadas.

                Todo inútil.

Son ruidosos los días en que sólo te ocupa el silencio.

Poema recogido de *Raíces de lo invisible* (Gamar Editores, 2018).

Espera

Al poema se le agota el tiempo para escribirse. El poeta se está durmiendo sobre la página. Que el poema venga y se acomode para que el poeta descanse. Que el poema no tiene toda la vida para ser escrito. Que el poeta no tiene toda la muerte para esperar.

Poema recogido de *Círculo de silencio* (Universidad Industrial de Santander, 2012).

Destino

El destino de la palabra es el silencio. Todo vocablo termina por envejecer. Toda sílaba acaba por fatigarse. Lo que se dice comienza a perder sentido. Lo que no se dice es lo que queda. Lo que no queda, no existe.

Poema recogido de La casa (Universidad Externado de Colombia, 2018).

Derecho de petición

Vivir es una estafa. Nos depositan en el interior del vientre y suponen que para llegar sanos y salvos a la muerte pagaremos el precio del dolor de caminar, de aprender a hablar y a orinar, e incluso, que caeremos en la ridiculez del amor. Vivir es una estafa. Que me devuelvan la muerte.

Lenguaje imposible

Es duro revelarle al alma su tosca desazón. Es arduo trabajar a solas donde únicamente te visitan las moscas, donde las palabras apenas se miran por primera vez y ya se detestan.

Poemas recogidos de *Círculo de silencio* (Universidad Industrial de Santander, 2012).

Trigo negro

> *Y hasta el poema es una flor hecha de hambre.*
> Roberto Juarroz

El grano de luz que no creció en el campo
es ahora trigo negro,
espiga derrotada.

Hambre alucinada en su perfecta desnudez.

Las dos orillas

> *Tú estás en ambas orillas.*
> Lucía Estrada

Has entrado en el relámpago para beber de su luz
y luego de saciarte te descubres en la otra orilla.

Sientes cómo la niebla baja por tu garganta
y comienza a apoderarse de tus palabras.

Experimentas el esplendor en su máximo frenesí
y te sabes poseedora de la sombra.

Entiendes que todo lo oscuro se aposenta en tu lengua
y las voces que fluyen se emparentan con el silencio.

Poema recogido de *Raíces de lo invisible* (Gamar Editores, 2018).

Sobre las pérdidas

Inútil el vuelo de la voz
cuando su ancha desnudez
se ofrece al tacto del silencio.

Inútil el río de la escritura
su pálpito desquiciado
el aire de las palabras
y su ilación con el vacío.

Inútil permanecer en la orilla
atado a la memoria de lo que no es.
Inútil respirar lo que no existe.

Poema recogido de *Círculo de silencio* (Universidad Industrial de Santander, 2012).

Beatriz Vanegas Athías

(Majagual, 1970)

Entre sordos

Más de mil años de reclamos
y cantos gregorianos
y hossanas
y góspel
y melodías inefables
que liberan el corazón.

Más de mil años
de súplicas agresivas
y desesperadas
han transcurrido
entre la sordera de Dios
y la de los hombres.

La libertad

¿Qué ocurre al llegar la noche
y la sorda se acuesta boca arriba
y con la luz trocada en oscuridad
mira hacia el techo renegrido?

¿Es el vacío?
¿Es la nada?
¿Es el infinito?
¿Es la libertad?

Cinema Paradiso

Para Sandra

I

Fundaron el amor los dioses.
Y el amor fue
una muchedumbre de recuerdos
para sostener el día.

II

Luego ordenaron,
hágase el placer
y el placer emergió
como humareda sonora
de las fauces de un león.

III

Después dijeron:
Hágase la felicidad.
Entonces la felicidad fue
una antología de besos censurados.

Thelma y Louise

(A la manera de Ítaca, de C. P. Kavafis).

Cuando partas hacia tu abismo
pide que el asfalto arda
con soles candentes sobre la herida
que llevas en carne viva
en tu ultrajado corazón.

Pide hallar el engaño en cada sonrisa
de aquellos que te invitan
a libar la noche y las estrellas.
Persigue tu abismo en todo príncipe
que, llegado el amanecer,
termina convertido en sapo.

Pide que el mapa que extiendes
en la cama del hotelito de paso
esté lleno de incertidumbres.
Y que la duda sea tu brújula.
No des crédito al amor:
él es sólo un pretexto
para que tu cabellera ondee libre
perseguida por el purísimo dolor.

Y cuando tengas ante ti el abismo,
amada Thelma,
sabrás entonces que desde el oscuro
país de los hombres
han venido a mirar consternados,
tu alto, desnudo y encumbrado vuelo.

Poemas recogidos de *Llorar en el cine* (Corazón de Mango, 2018).

Saga de los desterrados

1

No intentes habitar este añico del mundo
porque aquí el fuego se extinguió.
Es éste un lugar oscuro
donde el fuego fatuo fundó su morada
y crecieron ciudades con rostro de carbón.
No intentes habitar este pedazo del mundo
el fuego fatuo se aposentó en la montaña
y crecieron desiertos con oasis púrpura
y ríos cárdenos de peces purulentos.
No intentes asomarte, Prometeo,
no hay coro para tu gesta.
No intentes asomarte
el fuego fatuo puede ser tu perdición.

2

Ahora mi patria es tu cuerpo.
Luce vano el trono
del rey de las miserias
ante el poder de mi dolor.
La ley es ese cuervo
que pugna por saciar su hambre.
La ley es el lazo que amordaza
mis lágrimas.
País de cuervos ahítos
y de lágrimas prohibidas.
Ahora mi patria es tu cuerpo.

El gran amor en vilo

> *Que en algo, sí, y en alguien*
> *se tiene que cumplir*
> *este amor que inventamos*
> *sin tierra y sin fecha*
> *donde posarse ahora:*
> *el gran amor en vilo.*
>
> Pedro Salinas

1

Salvar la última mirada,
la del adiós,
la mirada madurada por el llanto.
Salvar esa mirada para asegurar
los amaneceres por venir

Salvar la caricia,
la que transcurre como agua cansada,
la que sana dolores dulces, necesarios.
Salvar la caricia que convida
a la fiesta de la sonrisa.

Rescatar un olor, uno solo,
como quien encuentra
la llave del cofre.
Un olor como sutil efluvio.

Salvar la primera frase:
Ésa que se dijo con la alegría
del verso por fin hallado.
Salvar el abrazo:
Única prenda
para festejar la ausencia.

2

Eran los días purísimos de la nostalgia,
había que consentir al recuerdo
como al hijo que no llegó a nacer.
Una sonrisa, una caricia,
la memoria de una escalera
o cualquier sabor
que lo preserve del olvido.
Proteger al recuerdo
como quien cuida
la última flor
o el primer llanto.
El recuerdo: única certeza
de que esa luz sucedió
y hoy sólo es posible
en el silencio.

Crónica del patio

Se alza en el corazón del patio,
un palo de mango de azúcar
habitable como catedral del sabor.
Se trata del mango que le ganó
la guerra al calor sofocante de la infancia.
Se trata del mismo árbol alegre
que le sonrió a la creciente
y nos enseñó la geometría de la luz.
Vuela en el patio
una brisa entrenada
en corregir el rumbo de los pájaros,
una brisa dueña del agua
de las tres tinajas
que guardan en su vientre
tres tristes ranas
para mayor dulzura de la sed.
Vive en el patio un silencio de tres de la tarde
que acompaña la melodía
de un acordeón agonizante;
persiste el lirio
de hojas como espadas que dan risa,
y están las noches en que la luna
se troca en sol,
y otras en que estalla y se desgaja
como chubasco de estrellas
encantada con su oficio de farola.
Crecen en el patio unas piedras
que poseen la nocturna virtud
de convertirse en sapos,
y hay un olor a limonero

y una paloma tierrera que
aprueba la tarde bulliciosa,
y también están tus ojos inefables
que siempre miran conmigo
aunque habiten otros patios.

Poemas recogidos de *Con tres heridas yo* (Caza de Poesía, 2012).

En el río

Sucede la tarulla
anhelo del río
de ser llanura.
Sucede la garza
pincelada elegante
sobre la llanura flotante.
Y sucede también
la mano que surca el agua
y los ojos que se cierran
para habitar la eternidad
por un instante.

Binomios

El arma blanca y el arma de fuego.
La súplica y el silencio.
La viuda y las declaraciones.
La ciudad engorda.
El poder también.

El canto triste del carrao

A la memoria de Eduardo Carranza.

Cuentan los pescadores que el carrao
inunda las noches de invierno
con su canto triste
porque escasean los caracoles
–su comida preferida–
y desesperado por el hambre
pone fin a su pena
colgándose de una horqueta.

El carrao, a orillas del Magdalena
yo, a orillas de tu desdén.

Poemas recogidos de *Los lugares comunes* (SYC, 2006).

María Clemencia Sánchez

(Itagüí, 1970)

El velorio de la amanuense

Escribí la larga estela de tus árboles
a imagen y semejanza de tu dictado.
La luz que quisieron tus ojos
son hoy de las hojas
palabras detenidas
que la arena de las diásporas entierra.
He sido la amanuense del fenecer de los siglos
recolectora de veranos vacíos
bajo un olmo fértil que no existe.

He ido a averiguar en la antigua vegetación
de las estepas
el nacimiento de los limos.
Hoy, dueña de voces extrañas,
paisajes ajenos que no comprendo
añoro una voz para decir un árbol
que ronda mis sueños, el nombre de una mujer
que semeja el descenso de las mareas
y el diálogo interrumpido que sostengo
con el ángel.

Sonata para que amanezca

Estoy en el fondo de un barco roto
Estoy en el medio de un mar agrietado
Estoy en la orilla de un cielo horadado.

Estoy horadada en el medio de un barco
Estoy agrietada en el fondo de un cielo
Estoy rota en la orilla de un mar.

Estoy en el cielo de un fondo roto
Estoy en el barco de un miedo horadado
Estoy en el mar de una orilla agrietada.

Pronto veré la luz.

Principio

El gesto de la eternidad
reposa en la mirada de un niño mudo.
Fue necesario enterrar los vocablos
para fundar el diálogo con lo perdido.
Una flor en su mano es la primavera
todo el tiempo queda resumido
pues no hay posibilidad de promesa.
Pero de igual forma
la flor en su mano es el amor
y el llanto se hace mar de invierno,
escena ininterrumpida
de una antigua nostalgia de eternidad.

Poemas recogidos de *El velorio del amanuense* (Premio de Poesía Afranio Parra Guzmán, 1999).

Los bellos días

Esto dejaremos.
Esto y también
La canción del deseo
Que resiste.
Al descender al camino
En las horas inciertas
Del péndulo,
En el tálamo donde las
Flores se asientan
Sostenidas en su
Propio yelmo,
A decir lo que fue
O fuimos,
El vuelo inconfesable
Del ángel,
Nuestra voz primera,
El amor.
Esto y también
La sentencia de la mirada
Que recuerda.
Allí, en los ojos donde
Bebimos de la sombra
Más impronunciable
O lo que siendo
Dejamos de ser,
Irreducible árbol
Que cedemos al hambre
Para ser Urapán
En la raíz
De toda tierra.

Pequeña canción coreana

Seguirá el corazón
La senda infinita de la alegría,
La brisa que trae el rumor
De la paz y el vuelo de la flor.
Los campos, verdes y frescos,
Verdes y nuevos,
Alientan el rojo sol de mis pasos.
Seguirá el corazón
La senda infinita de la alegría
La senda infinita de la mañana.

Avenida Helen Keller
En el cruce de la calle 15

Vaya lugar para una cita de amor.
Aquellos que acordaron el reencuentro
En la Avenida Helen Keller,
En el cruce de la calle 15,
A las cinco de la tarde, hora de Lisboa,
Jamás se encontraron.

Cruzaron tan cerca que no se vieron.
Tropezaron con el viento frío
Que venía de ese muelle
Donde Fernando y los otros
Huyeron como niebla.
La rosa, la misma rosa de Keller,
En las manos de estos amantes,
Afilaba sus espinas,
Justo cuando el día
Auguraba la hora ciega
Del olvido.

Poemas recogidos de *Antes de la consumación* (Universidad Nacional de Colombia, 2008).

Regreso

También el árbol
inclinado sobre su propia sombra
me recuerda
que esta tarde
ya estuvo entre nosotros,
no como se queda
el temblor del petirrojo
en la pupila,
sino como se adhieren
las hortensias al naufragio del azul
en los trasiegos del día.

Es la suma de lo bello y el dolor
de lo que ya no vendrá
lo que me hace entender
el árbol así rendido,
y el claro de la nube
en que se hunde el vuelo
y el nombre de esa flor
que parecía descifrarlo todo.

Paraíso precario

Entonces vuelve a empezar
el día en mis manos.
*Aquí se cierra el cielo
en su larga aporía
de nubes que sueñan el sol
y aves que regresan
congeladas del vuelo
de la noche.*

De lo que resta,
vendrá otro día luminoso,
esquivo y anónimo
entre las hojas del tiempo,
extranjero entre nosotros,
iluminado fantasma
de una alegría indecible
perdida ya en el viento
de la memoria,
y tu cuerpo feliz renovado
de libertad,
y yo escribiendo
la sombra adusta
de otro paraíso precario.

Poemas recogidos de *Paraíso Precario* (Universidad Externado de Colombia, 2010).

Igual que su tristeza

> *¿Por qué lloras,*
> *blanca niña?*
> Canción Sefardí

Como ese rostro que al paso del desierto
Parece una caravana de tristezas antiguas
Y agua de sed de tiempo sin río.
Como esa espera que vista a la sombra
De las dunas, mira el cielo en la huida
De sus alas y es también un poco de luz
Que se lleva el día.
Como esa tristeza que bajo su rostro
Ocultan las niñas nómadas de la grey
Del amor salvaje, sus pasos de arena
Fundando una arcadia de polvo
En las manos del viento.
Igual que su tristeza sería esta canción,
Y como la letra de esa canción.

Opúsculo de amor lusitano

Fue en la noche rota del Tajo, que
Aprendí a amar tu imagen en vuelo, las
Temblorosas gacelas que avaras, emprendían
Contigo esa fuga hacia imposibles campos
De centeno, y en el resplandor
Zafiro de tu distancia definitiva,
Latió extranjero, mi corazón.

Strawberry Fields Forever

Por la vendimia del sueño,
Recolección en rojo
De todo lo perdido,
He vuelto a nombrarte
Campos de cerezo
Y flor de mis grosellas.
Pletórica ausencia
Primitiva, hay una
Palabra que vuelve
En ti y fija la forma
De los sueños.

Poemas recogidos de *Recolección en rojo* (Universidad del Valle, 2012).

Primer romance

Caminé tantos cielos de
Nombres de lejanas tierras
De minerales nombres
Y vegetales palomas de
Cielos que no recuerdo.

Te imaginé misteriosa
En tu tarde de perdidos desiertos —
Blanca niña, mientras cantos
Primigenios
De primitivas flores
Me decían tu nombre,
Paloma vegetal.

Y caminé toda la tarde
De un siglo sólo por saber
Por qué llorabas sin consuelo,
Blanca niña.

Casida del niño sin manos

Llevo en mis manos una rosa herida
Como si llevara mis manos heridas,
Como si fueran mis manos la herida
De una rosa que ha herido mis manos.

Llevo el viento en mis manos
Donde llevaría la rosa
Que llevarían mis manos
De ser el viento mis manos en la rosa.

Y así vivo, triste monarca
De una estrella triste —
Como todo lo que pasa
O las cosas que se le parecen,
Mientras pienso en bandadas
De lejanos abrazos.

Una canción polaca

Llevo conmigo los fragmentos
De tu cielo y guardo en mis días
Tu único día, pequeño sol de triste nombre
Que fue mi patria cuando tu nombre
Fue mi única patria.

Soy el niño que nadie recuerda
Cuando mueren las hojas de un árbol
Quieto a la sombra tu nombre, Cracovia.
Sobrevivo entre despojos de azules horas
Y en mi corazón de fracturados soles
Aves limpias borran el dolor de mi único día
Cuando revives en mí.

Poema recogido de *Tres romances para oboe* (Fundación Arte es Colombia, 2014).

Gloria Posada

(Medellín, 1967)

Alquimia

Océanos se unen
resplandor se mezcla con oscuridad
desciende hasta abismos
donde no hay palabras

Ciclo señala
día y noche
Universo nombrado
como claridad o tormenta
se transmite

Después
de cada nacimiento
llanto se convierte
en sílabas

Diáspora

Paredes y techos
se deshacen
retornan a tierra
entre jardines y calles

Vientos extienden paisajes
llevan ciudad devastada
hacia luz

Lejana luz

Tormenta
no deja ver estrellas

Fulgor traspasa
profundidad de océano
savia del árbol
oscuridad de sangre
capas en Tierra
y piel

Transfiguración

Convertir
Ceniza en cuerpo
Sangre en luz
Bosque talado en valle florecido
Hoja seca en hierba nueva
Polvo en pan
Erupción ardiente en río
Calle sin salida en jardín detrás del muro
Oscuridad en alumbramiento
Hambre renovada en piel
Erosión de montaña en simiente
Caída en aprendizaje del vuelo
Aislamiento en puentes que unen
Colisión en crecimiento de Tierra
Herida en legado
Dureza en profundidad translúcida
Campo de batalla en huerto
Aridez en nacimiento de manantiales
Separación en cruce de rutas
Extravío en claridad
Casa derribada en albergue de sueños
Ansiedad en mar sereno
Ofensa en fulgor de olvido
Moneda de cambio en creación
Ceguera en memoria del mundo
Pérdida en certeza de gracia
Llanto en dádiva
Agonía en aliento de resurrección
Hueso en fruto
Exilio en arribo a patria prometida

Incendio en faro de agua oscura
Omisión en acto
Acecho en ángel protector
Oasis en templo del desierto
Caos en espera de armonía
Enfermedad en conocimiento de sí
Daga en árbol creciente
Huracán en cielo abierto
Despojo en plenitud
Tejido roto en vestido de novia
Dolor en belleza de redención
Abismo en descubrimiento del pasado
Estigma en prodigio que desciende
Vigilia en cadencia de fábulas
Escollo en horizonte azul
Desasosiego en fe que reúne océanos
Extinción en cosmogonía
Orfandad en fuego de hogar
Distancia en comunión de palabra
Peso en música ascendente en gravedad
Ruina en vendimia
Intemperie en techo que cubre
Diluvio en fertilidad
Tristeza en llamado al resplandor
Ausencia en visión del retorno
Fatiga en jornada de juego
Éxodo en iluminación
Sed en ofrenda al sol de cada día
Penuria en levedad
Desencanto en destello de horas
Venganza en magnitud de justicia
Furor en preludio hacia paz
Precipicio en camino de llegada

Reclusión en puerta de salida
Final en página siguiente
Engaño en trasluz de verdad
Desamor en fervor que regresa
Luto en conciencia de otredad
Ciudad devastada en constelación
guía de Tierra

Convertir
Escasez en abundancia de deseo
Aprender
embriaguez en lluvia

Y de la fiesta
saber como el Hebreo
que agua es vino

Poemas recogidos de *Lugares* (inédito) y publicados en *Bajo el cielo: antología poética* (2011-1985) (Universidad Veracruzana, 2013) y *Aire en luz. Muestra de poesía 2016-1985* (Centro Editores Madrid y Proyecto Transatlántico de Brown University, 2017).

Duración

Gotas de agua
ya no son nube
Frutos y hojas
no son árbol
Pétalos no son rosa
Lágrimas no son mar sereno
Todo lo que se desprende
nos enseña a caer

Cloacas

Claridad
inaugura un nuevo día
Gentes buscan su lugar
Máquinas inician su pulsión

Tras el alimento
sucede la vida
su escasez cumple la muerte

Superficie y subsuelo
se escinden
Cloacas se deslizan
donde nunca llega el sol

Lo que no fluye explota

Caminamos
sobre paisajes ocultos
que se pudren

Poemas recogidos de *Naturalezas* (Ediciones sin Nombre, México, 2006).

No soporto
las noches de tormenta
en tiempo de guerra

Sé
que estando mi amado
herido
la lluvia se llevará
la sangre
que solo a mí
me pertenece

Poema recogido de *Periodo de sombra* (inédito) y publicado en *Antología de poesía colombiana* (Ministerio de Cultura de Colombia y Áncora Editores, 1997).

Intemperie

No está próximo
lo que hemos amado
Se incrusta en estratos de tiempo
lo que era compañía
caluroso abrigo
En el subsuelo yacen
como vestigios
un decir un hacer
Un cuerpo que ahora es nombre

Bajo este cielo
no solo el viento
cambia su dirección

Poema recogido de *La cicatriz del nacimiento* (Ojo Editorial, 2000).

Pensamiento conjugado en Alejandra Pizarnik

Desde el alba
tu cuerpo está quieto esperando
                          los crepúsculos

Vengo a recoger
el rocío que pende de tu boca
Vengo a peinar
tus cabellos volcados en raíces
Has querido pequeña niña
pertenecer a los jardines

La tierra ha secado tu cuerpo
te han desangrado las rosas

Y hoy vengo a comer tu fruto
y su último aroma

Poema recogido en *Vosotras* (Gobernación de Antioquia, 1993).

Abisag

Mis dedos se deslizan
por mis cabellos
como solían hacerlo en el agua

Solo faltan en el cielo
los pájaros del mar

Memoria

He recorrido caminos
habitados hace milenios por el agua

He llegado a bosques
donde líquenes de cuevas
tienen huellas de algas

He penetrado sombras
preludios del abismo

He sabido
que el eco de los ahogados
es el lenguaje
del fondo obscuro
del mar

Poemas recogidos en *Oficios divinos* (Colcultura, 1992).

Yirama Castaño

(Socorro, 1964)

Prólogo

No tengo la intención del desafío,
ni la premura por un juego de palabras.

No poseo el concreto de la línea en el poema,
ni la lucidez de cifras en la aurora.

No merezco un nombre que autorice
la búsqueda universal en primavera,
ni la mentirosa voz en la puerta de mi fuego.

No entiendo el coro de ángeles testigos
en una caída de noches anunciadas,
ni los demenciales silencios
dando el sí en mi costado.

No puedo construir la imagen
a partir del vacío con cerrojo,
ni aplaudir al inventor de la acrobacia
que finge ser bandera.

Para escribir y amar sólo mis manos.

Secreto de mediodía

Profeta:

Silencios en la sombra
regalan adioses a los duendes.
Presagios con turbante
vienen lento
y arrastran contra sí las dimensiones.

¿Te llevas el asombro?
¿Te lo llevas?
¿Y la validez de la noche sombría?

El tiempo suele robarse las heridas
pero yo te advertí
que soy aprendiz en el olvido.

Nunca te he dicho que el resplandor de los azares
horada sin embargo mis mañanas
y las fiestas que a veces ofrezco en tu nombre.

Recuerdo, por ejemplo, que existen días
en que llevo báculo, saxo y tambores
cuando dirijo la orquesta con los hombros.

Construyo sueños en los arrabales
y bamboleo los crescendo, menguantes y altibajos
que mandaste a perecer conmigo.

Debo agregar,
que en medio de la luz hago la venia con Charlot.

Me visto de negro.
Doy tres pasos
y te sonrío con orgullo de pionera en estas lides.

Qué te parece, viven los secretos.

Temblor de augurios

A Gonzalo Márquez Cristo

Atrás de sí,
las fisuras del cuerpo vestido en sortilegio,
le dejan al miedo la pérdida
que renueva ceremonias de silencio.

El aguanieve hechiza la piel y cierra el fuelle.
Retornarán las heridas cuando el límite
rompa noches en el sueño.

Se subleva la razón.
Habrá que unir la caída
con los pasos invocados en la fuente.

Se escucha la talla en la madera,
perfila en la sombra los colores de una escama.

Se mece el agua.
Los amantes hoy están a la rueda, rueda
Yo me lleno de amuletos.

Parque nevado

Comienzo con la paciencia
        que me concede el corazón de un pájaro

Desde ayer late en mí un escudo para el tiempo

Entonces,
la muerte es nuestro gran espejo

Acerca su manto a contraluz
        y cuando llega la videncia
              nos quedamos dentro

Damos pasos largos
        entre cintura y espasmo

En el deslizar de la cascada
        el agua corre por las venas

Abrazo de las piedras
donde no hay espacio para las fisuras del invento

El bosque es el único encanto:
        sigilo y guardián de los silencios

Recogimos el temblor en nuestros cuerpos

Como talismán
        tomé el cristal de las batallas

Poemas recogidos de *Naufragio de luna* (edición de autor, 1990).

Designio

Para José Luis Varela

Nunca llegué a mi cita con abril.

Quizá fue porque su huella
únicamente podía seguir
sus propios pasos

O quizá fue porque sólo a él
   lo moldearon con arcilla de navegante
y le fue concedida la cruz de explorador.

Tuvo la suerte del soldado de plomo:
                nunca fue a la guerra.

Su deber era pasar por las heridas
hasta el dolor mismo
   y allí,
esperar a que cualquier daga
—con nombre de mujer—
le atravesara hasta dejarle ciego.

La vida le pagó el tiquete para cambiar de tren.

No tardaron en aparecer
las sonatas de su infancia,
en especial aquella donde Esteban,
con la misma vibración del sol,
recorría con paso lento las flores de Van Gogh.

Nunca llegué a mi cita con abril

porque no pude encontrar a tiempo,
el baúl de cedro
repleto de mensajes clandestinos
ni tampoco las imágenes de espantos,
que aparecían dibujadas
en las paredes de su cuarto,
luego de largas excursiones hacia la montaña.

Nunca llegué a mi cita con abril,
pero aún preparo mi equipaje
    como de costumbre.

Cometa

Imagen
te me regalaste entera,
cuando yo incapaz
confundí la realeza de la sombra.

Dame un fuelle
para aspirar ese otro cielo,
para limpiarlo del olor
y de vez en cuando,
matar un monstruo.

Antes de agotar nuestro propio miedo
hay que adelantar
el descenso de los pájaros.

Rebasar la legión de observadores
y el apagón de una gloria anciana.

Acepta que me quede en este viaje
de rodeos voluntarios.

En otra época de vivos bajo tierra.

Acepta la lluvia que lava nuestras culpas,
librándolas de todo mal.

Acepta la cruz
        en un poema vertical.

Rumor de ciegos

Luego del lamento,
        luego de la estrechez en muchos cuartos.

Aun después del ahogo en una cama,
            aun después de los silencios.

Más allá de la agonía y las deudas del amor,
        más allá de la frontera entre los labios.

Tarde y noche.
El feliz jinete se despide.

Ahora, en el futuro,
        desprendido de la tierra,
              retoma la inocencia.

Ese niño recorre los parques,
        en busca del trébol de cuatro hojas.

Umbral y campanario

A la víspera del límite,
        donde ya ninguna puerta abre.
Es ese el lugar diáfano y brillante.
Allí, la gota se convierte en grito
        y el eco afila las alturas.
Luego vendrá el poema.
La orilla o el jardín de sombras.
Desprovisto del espacio,
        desierto del alba.
La rosa nacerá distinta
            y menos rosa.
Ramas, viejos árboles, infancia.
Noche de luna y desagravio.
Recuerdo del amante.
            Grieta del futuro.
Allá donde el principio es transparencia
no puede la brasa destruir el cuerpo húmedo.
Esta sensación de agitar estorbos
        de sumergir la piel
            hasta el vacío.
No sé cómo el hombre
alcanza el siglo
o el fuego lo rebasa.
Entre violetas y amapolas
    el viento es sólo un ciego que tropieza.

Mañana de sol

Padre
he encontrado la colina
y corro hacia ella sin temor.

Equilibro mi peso, pero camino de lado.

Me han crecido los brazos
muevo la lengua
hablo con acento neutro
y trato de no subir nunca la voz.

Cuando salgo a pasear por las calles
siento que dejo atrás el viento.

Me gusta bailar.
Sin embargo, no he vuelto al circo.

Mi cabello llega hasta los hombros
y lo dejo suelto de vez en cuando
para que flote entre la noche

Mis dedos son largos,
delgados y se mueven.
Ah, tengo ojos de mujer.

Aprendí a creer y a dar vueltas
en el carrusel de los caballos muertos
con el pie derecho
apuntando hacia mi sien.

Poemas recogidos de *Jardín de sombras* (edición de autor, 1994).

El país de las ausentes
(Fragmentos)

VII

Sé que hoy no abriré la puerta
Estoy segura de que no hablaré palabras
Me gusta el sonido de furia
              que tienen los árboles
Sé que hoy no abriré la puerta
Mi único lugar es la ventana

Qué bella es esta ciudad:
              tan sólo es mayo
        y dentro de mí está diciembre

XIII

Levantó la piedra
       que pesaba tanto
como su propia casa
Lo miro
       deshecho
y acarició lo que alguna vez fueron sus labios
Después volvió a poner todo en su sitio
Limpió su nombre
Regó las flores
Caminó despacio
         cargándose ella misma
         y se enredó entre sus huesos

XV

Soy una mujer de aquí
        pequeña de estatura
En mi país los sauces lloran
        porque los soldados marchan
                a la guerra
En mi país los pinos crecen en fila
porque al fin y al cabo
        son una trinchera
En mi país nunca faltan las flores

XVI
Lo reconocí por una gota
                en la solapa
El resto se quedó
        flotando por el río

XVII
Me despierto con el grito del guerrero
Victoria:
        Alguien devoró mis brazos

Fragmentos recogidos de *El sueño de la otra* (Prometeo, 1997).

Rumor del valle

Cuando comencé a viajar,
no pude resistir la tentación de parar
en la estación equivocada.
Pequeño pueblo de bombilla en la escalera,
habitar cualquiera de tus casas era bailar
en una ronda eterna de gaitas y tambores.
No importaba la lengua arenosa,
ni el calor colándose en la pared de la cocina.
Bastaban eso sí los olores de la tierra,
la lentitud descalza en el centro de la plaza.
Nadie tenía nombre
        y sin embargo todos se llamaban.
Las mujeres pintaban sus labios
en punto de las seis
y los hombres aplastaban fichas
en medio de los gritos y la fiesta.
Pero un día llegaron los falsos monjes
a pintar con aerosoles
agujeros negros en tu cielo.
Pequeño pueblo,
ahora que vuelvo con el camino despejado,
ahora que la brújula señala el norte sin equívoco
hay algo que no entiendo,
todos callan
y una fila de cantadoras
con velas en las manos
alumbran la marcha
que aleja a los niños
de la prometida tierra.

Poema recogido de *Memoria del aprendiz* (Común Presencia Editores, 2011).

En los labios de la noche

Hay algo ahí
      en los labios de la noche
en la estela de sus horas
en lo profundo de su cráter
              que me llama

Hay algo que se acerca
      en la larga espera,
          una luz a la deriva
aparece en la montaña

Hay algo ahí que yo no veo
      un poema
          un soplido
          una hebra de vida
          una pestaña.

Poemas recogidos de *Cuerpos antes del olvido* (Ediciones Línea Imaginaria, 2016).

Sobre las autoras

MARÍA GÓMEZ LARA (Bogotá, 1989) estudió literatura en la Universidad de los Andes en Bogotá y tiene un máster en escritura creativa en español de la Universidad de Nueva York. Actualmente cursa un doctorado en el Departamento de Lenguas Romances de Harvard. Poemas suyos han aparecido en distintos medios de Latinoamérica y España. Ha publicado los poemarios *Después del horizonte* (Caza de libros editores, Ibagué, 2012) y *Contratono* (Visor, Madrid, 2018), libro con el que mereció el XXVII Premio Internacional de Poesía Fundación Loewe a la Creación Joven. *Contratono*, traducido al portugués por el poeta Nuno Júdice bajo el título *Nó de sombras* (Glaciar) fue publicado en Lisboa en 2015. Algunos de sus poemas también han sido traducidos al italiano, inglés, francés y árabe.

YENNY LEÓN (Medellín, 1987). Filóloga hispanista y magíster en Escrituras Creativas. Cuenta con un Diplomado en Edición de textos y procesos editoriales. Actualmente es docente de literatura y análisis textual en las universidades UPB y EAFIT. Ha obtenido varios premios de poesía: I Premio de Poesía Joven Ciudad de Medellín (2011), I Premio Nacional de Poesía Joven Andrés Barbosa (2011), Beca de creación modalidad Poesía (2012), mención de honor en el concurso nacional «El dolor y sus trampas» de la Casa de Poesía Silva y el primer puesto en el XXX Concurso Nacional Universitario de Poesía de la Universidad Externado de

Colombia. Varios de sus poemas han sido publicados en revistas nacionales e internacionales y traducidos al inglés y al francés. Ha publicado los libros: *Entre árboles y piedras* (Planeta, Bogotá, 2013), *Campanario de cenizas* (Proyecto editorial La Chifurnia, Quetzaltepeque, 2016), *La hierba abre su latido* (Universidad Externado de Colombia, Bogotá, 2018).

TANIA GANITSKY (Bogotá, 1986). Doctora en Filosofía y Literatura de la Universidad de Warwick. En el 2009 ganó el Concurso Nacional de Poesía de la Universidad Externado de Colombia y en el 2014 obtuvo el Premio Nacional de Poesía Obra Inédita con su primer libro *Dos cuerpos menos* (Tertulia literaria de Gloria Luz Gutiérrez, Bogotá, 2015). Publicó *Cráter* (La Jaula Publicaciones, Bogotá), en coautoría con el artista José Sarmiento, en 2017. *Desastre lento* (Unviersidad Externado de Colombia, Bogotá, 2018) es su libro más reciente de poesía. Selecciones de su obra han sido incluidas en antologías relevantes de Hispanoamérica y algunos de sus poemas han sido traducidos al inglés, francés, árabe, italiano, danés y portugués. Suele contribuir como crítica, traductora y poeta en diversas revistas literarias, académicas y culturales. Es parte del equipo editorial de *La trenza*, un fanzine de poesía, ensayo e ilustración que busca trazar un mapa crítico y estético de la poesía contemporánea escrita por mujeres en Colombia.

GLORIA SUSANA ESQUIVEL (Bogotá, 1985). Es periodista, escritora, traductora y poeta. Ha colaborado en medios colombianos e internacionales. Actualmente tiene un *podcast* sobre feminismo y cultura con la revista *070*. Sus poemas han sido publicados en la *Revista de Poesía* de la UNAM, la revista *Palabras Errantes* y la revista *Matera*. Ha colaborado con el artista Daniel Salamanca en proyectos que conjugan poesía, narrativa y artes plásticas. Realizó un máster en escritura creativa en la Universidad de Nueva

York (NYU). Es profesora de la Maestría de Escritura Creativa del Instituto Caro y Cuervo. Ha publicado el poemario *El lado salvaje* (Cardumen Libros, Bogotá, 2016) y la novela *Animales del fin del mundo* (Alfaguara, Bogotá. 2016). Desde hace ocho años tiene un proyecto de escritura personal: http://juradopormadonna.tumblr.com/archive

BIBIANA BERNAL (Calarcá, 1985). Poeta, narradora, editora independiente y gestora cultural. Parte de su poesía ha sido traducida y publicada en griego, inglés y rumano. Gestora de la editorial Cuadernos Negros, creada hace 12 años, y de la Fundación Pundarika. Sus textos narrativos y poéticos han sido publicados en antologías y revistas nacionales e internacionales. Autora de dos libros de poesía y de varias antologías de cuento y minificción. Premio de Poesía Comfenalco 2003, Gobernación del Quindío 2016 y Finalista del Premio Nacional de Poesía Mincultura 2017, con su libro *Pájaro de piedra* (Cuadernos Negros Editorial, Calarcá, 2016).

FÁTIMA VÉLEZ (Manizales, 1985). Ha publicado los libros de poesía *Casa Paterna* (Universidad Externado de Colombia, Bogotá, 2015), *Del porno y las babosas* (Deep, Río de Janeiro, 2016), publicado en Brasil, en colaboración con la artista Powerpaola; y *Diseño de interiores* (próximo a publicarse en la editorial Cardumen). Actualmente vive en Nueva York y está haciendo un doctorado en Literatura Hispanoamericana.

LUZ ANDREA CASTILLO (San Andrés, Santander, 1983). Licenciada en Español y Literatura por la Universidad Industrial de Santander. Ha sido tallerista de la Red Nacional de Escritores del Ministerio de Cultura de Colombia y promotora de lectura en el Programa Nacional de Concertación Cultural. Obtuvo el Premio Nacional de Poesía otorgado por la Universidad Externado de Colombia con su obra *El rumor de las voces* (Universidad Industrial de Santander, Bucaramanga, 2006) y el Premio Nacional de Poesía *Matilde Espinosa* de la Gobernación del Cauca y la Sociedad Caucana de Escritores, con la obra *Espejo Cubierto (Samava, Popayán, 2010)*. *De agua y silencio* (Universidad Industrial de Santander, Bucaramanga, 2010) obtuvo la beca de publicación de la «Colección Generación Bicentenario». En 2015 recibió una Mención de Honor de la Casa de Poesía Silva por el poema «Anna Ajmátova» y su última obra publicada *Agua circular (Popayán Positiva, Popayán, 2016)* fue elegida recientemente para el Premio Internacional de Poesía Fernández Labrador convocado por La Asociación Mujeres en Igualdad de Salamanca y la Sociedad de Estudios Literarios y Humanísticos de Salamanca en España.

María Paz Guerrero (Bogotá, 1982). Literata de la Universidad de los Andes con maestría en Literatura Comparada en la Universidad de la Sorbona Nueva, París. Ha publicado el poemario *Dios también es una perra* (Cajón de Sastre, Bogotá, 2018). Veinte poemas suyos aparecen en la antología *Moradas interiores. Cuatro poetas colombianas* (Pontifica Universidad Javeriana, Bogotá, 2016). Su tesis de pregrado: *El dolor de estar vivo en la poesía de* Los poemas póstumos *de César Vallejo* fue publicada por la editorial de la Universidad de los Andes (Bogotá, 2006). Ha colaborado como reseñista de poesía en el *Boletín Bibliográfico* del Banco de la República y la revista de la Universidad de Antioquia. Conferencista e investigadora de poesía francesa del siglo xix y xx y de poesía colombiana contemporánea. Trabaja como profesora de creación literaria de pregrado y maestría en la Universidad Central.

Carolina Dávila (Bogotá, 1982). Es escritora y abogada feminista. Magíster en Derechos Humanos y Democratización. Ha sido editora de *Rio Grande Review*. Ha publicado los libros *Como* *las Catedrales* (Universidad Nacional de Colombia, Bogotá, 2011; Fundarte, Caracas, 2014), ganador del Premio Nacional de Literatura del Ministerio de Cultura (2010), e *Imagen (in)completa* (Universidad Externado de Colombia, Bogotá, 2018). Sus poemas han sido traducidos al árabe, italiano, inglés y portugués. Actualmente cursa MFA en Escritura Creativa y es editora del fanzine de poesía y ensayo *La Trenza*.

Lucía Estrada (Medellín, 1980) Ha publicado los libros de poesía *Fuegos nocturnos* (*Revista Fuegos*, Medellín, 1997); *Noche líquida* (Ministerio de Cultura, San José de Costa Rica, 2000), *Maiastra* (El Tambor Arlequín, Medellín, 2004), *Las hijas del espino* (Cobalto Ediciones, Medellín, 2006; Hombre Nuevo Editores, Medellín, 2008), *El ojo de Circe. Antología* (Universidad Externado de Colombia, Bogotá, 2006); *El círculo de la memoria. Selección de poemas* (Lustra Editores, Lima, 2008; Festival Internacional de Poesía San José de Costa Rica, San José de Costa Rica, 2008); *La noche en el espejo* (Fundación Gilberto Alzate Avendaño, Bogotá, 2010); *Cenizas de Pasolini* (Editorial Pequeña Alejandría, Medellín, 2012); *Cuaderno del ángel* (Sílaba Editores, Medellín, 2012); *Continuidad del jardín. Selección personal* (Metro de Medellín-Comfama, 2014; Editorial Valparaíso, Granada, 2015). Con su libro *Las hijas del espino* (Cobalto Ediciones, Medellín 2006; Hombre Nuevo Editores, Medellín, 2008) obtuvo el Premio de Poesía Ciudad de Medellín (2005). Recientemente recibió el Premio Nacional de Poesía Ciudad de Bogotá 2017 con su libro *Katábasis* (Tragaluz Editores, Medellín, 2018).

Camila Charry Noriega (Bogotá, 1979). Es profesional en estudios literarios y aspirante a maestra en Estética e Historia del Arte. Ha publicado los libros *Detrás de la bruma (Común Presencia, Bogotá, 2012); El día de hoy* (Garcín Editores, Duitama, 2013); *Otros ojos* (El Ángel Editor, Quito, 2014); *El sol y la car-*

ne (Ediciones Torremozas, Madrid, 2015); *Arde Babel* (Universidad Externado de Colombia, Bogotá 2012; Poe, San Juan Ostuncalco, Guatemala, 2018; Literal, México, 2019); *Materia iluminada* (Uniediciones, Bogotá, 2019). Es coeditora del fanzine *La trenza*, que aborda la poesía escrita por mujeres en Colombia. También es parte del comité editorial de la colección de poesía *Respirando el verano*. Ha participado en diversos encuentros de poesía y literatura en Colombia, América, Europa y África. Algunos de sus poemas han sido traducidos al inglés, francés, rumano, polaco, portugués, árabe e italiano.

CATALINA GONZÁLEZ RESTREPO (Medellín, 1976). Licenciada en Español y Literatura por la Universidad de Antioquia y magíster en Literatura de la Pontificia Universidad Javeriana de Bogotá, ciudad donde se desempeña como editora. Ha publicado *Afán de fuga* (Editorial Universidad de Antioquia, Medellín, 2002), *Seis cancioncillas (de agua salada) y otros poemas* (Universidad Nacional de Colombia, Bogotá, 2005), *La última batalla* (Pre-Textos, Valencia, 2010) y *Una palabra brilla en mitad de la noche* (Universidad Externado de Colombia, Bogotá, 2012). Sus poemas han aparecido en revistas y antologías nacionales y extranjeras y han sido traducidos al francés, portugués, italiano, inglés y árabe.

SANDRA URIBE PÉREZ (Bogotá, 1972). Poeta, narradora, ensayista y periodista. Arquitecta, especialista en Entornos virtuales de aprendizaje y magíster en Estudios de la Cultura con mención en Literatura Hispanoamericana. Ha publicado los libros de poesía *Uno & Dios* (Edición de autor, Bogotá, 1996), *Catálogo de fantasmas en orden crono-ilógico* (Alcaldía Municipal de Chiquinquirá, Chiquinquirá, 1997), *Sola sin tilde* (Arcano Editores, Quito, 2003) y su edición bilingüe *Sola sin tilde – Orthography of solitude* (Edición de autor, Bogotá, 2008), *Círculo de silencio* (UIS, Bucaramanga, 2012), *Raíces de lo invisible* (Gamar Editores, Popayán, 2018) y

La casa. Antología (Universidad Externado de Colombia, Bogotá, 2018). Candidata al Premio Nacional de Periodismo CPB 2013, en la categoría de Investigación, Premio D'Artagnan (Bogotá, 2013). Sus poemas han sido traducidos al inglés, italiano, francés, portugués y estonio. Actualmente se desempeña como docente de la Universidad Colegio Mayor de Cundinamarca (Bogotá).

BEATRIZ VANEGAS ATHÍAS (Majagual, Sucre, 1970). Editora de Ediciones Corazón de Mango. Doctoranda en Letras en la Universidad Nacional de La Plata, Argentina. Columnista de *El Espectador* y *El Meridiano de Sucre*. Sus más recientes publicaciones: *Crónicas para apagar la oscuridad* (crónicas y reportajes, Universidad Industrial de Santander, Bucaramanga, 2011); *Con tres heridas yo* (poemas, Caza de Poesía, Ibagué, 2012); *El canto de las moscas la predicación de la violencia ocultada* (ensayos, Ediciones UIS, Bucaramanga, 2013); *Ahora mi patria es tu cuerpo* (antología personal, Ediciones UIS, Bucaramanga, 2013); *Todos se amaban a escondidas* (Ediciones Corazón de Mango, Bogotá, 2015); *Festejar la ausencia* (antología poética, Universidad Externado de Colombia, Bogotá, 2015); *ABColombia poemas para niños* (Ediciones Corazón de Mango, Bogotá, 2018); *Llorar en el cine* (poemas, Ediciones Corazón de Mango, Bogotá, 2018), *Goles, chilenas y gambetas, poemas para niños*, (Ediciones Corazón de Mango, Bogotá, 2018). Premio Nacional de Poesía Universidad Externado de Colombia, Premio Nacional de Poesía Casa Silva y Premio Internacional de Poesía Pilar Paz Pasamar, Jerez, España.

MARÍA CLEMENCIA SÁNCHEZ (Itagüí, 1970). Poeta y traductora. Licenciada en Idiomas por la Universidad de Antioquia y maestra y doctora en Literatura Hispánica de la Universidad de Cincinnati (Estados Unidos). Tradujo al español poetas africanos, ingleses y franceses para el Festival Internacional de Poesía de Medellín. Fue parte de la antología *Colombia en la poesía co-*

lombiana: los poemas cuentan la historia, premio «Literaturas del Bicentenario» del ministerio de cultura de Colombia (Editorial letra a letra, Bogotá, 2010). Ha publicado los libros de poesía: *El velorio del amanuense* (Premio de Poesía Afranio Parra Guzmán, Medellín, 1999); *Antes de la consumación* (Universidad Nacional de Colombia, Bogotá, 2008); *Paraíso precario* (Universidad Externado de Colombia, Bogotá, 2010); *Recolección en rojo* (Universidad del Valle, Vali, 2012); *Tres romances para oboe* (Fundación Arte es Colombia, Bogotá, 2014).

GLORIA POSADA (Medellín, 1967). Es artista y escritora. Antropóloga de la Universidad de Antioquia y maestra en Artes Plásticas de la Universidad Nacional de Colombia. Magíster en Estética por la Universidad Nacional de Colombia. Diploma de estudios avanzados en «Patrimonio Histórico y Natural» de la Universidad de Huelva. Sus poemas han sido traducidos al inglés, francés y árabe. Ha sido incluida en la *Antología de la poesía latinoamericana del siglo XXI: El turno y la transición*, compilada por Julio Ortega y publicada por Siglo XXI Editores en 2001. Recibió el Premio Nacional de Poesía Joven del Instituto Colombiano de Cultura (1992) con el libro *Oficio divino* (Instituto Colombiano de Cultura, Colcultura, Bogotá, 1992). Segundo premio en el Concurso Nacional de Poesía Carlos Castro Saavedra (1992). En 2000, Ojo Editorial de Medellín publicó *La cicatriz del nacimiento*. Con el libro *Naturalezas* (Ediciones Sin Nombre, México D.F., 2006) obtuvo en 2002 una mención honorífica en el Premio Hispanoamericano de Poesía Casa de las Américas (La Habana, Cuba). En ese mismo año ganó la Beca de Creación Individual del Ministerio de Cultura de Colombia en el área de poesía con el proyecto *Lugares*. En 2004 le fue otorgada la residencia artística Colombia-México, del Ministerio de Cultura de Colombia y el FONCA/CONACULTA de México. En 2006 Ediciones Sin Nombre en México publicó el libro *Naturalezas*. La Universidad Veracruzana editó en México en 2013 *Bajo el cielo. Antología poética 2011-1985;* y Del Centro Editores y el Proyecto Transatlántico de Brown University, dirigido por Julio Ortega, publicaron en 2017 *Aire en luz. Muestra de poesía 2016-1985*.

YIRAMA CASTAÑO (Socorro, Santander, 1964). Periodista y editora. Participó en la creación de la revista y de la Fundación Común Presencia. Es parte del Comité Asesor del Encuentro Internacional de Mujeres Poetas de Cereté, Córdoba. Sus poemas han sido traducidos y publicados en medios de Colombia y el exterior. Ha participado en los más importantes festivales de poesía en Colombia y en encuentros de escritores a nivel internacional. Ha publicado los libros de poesía *Naufragio de luna* (edición de autor, Bogotá, 1990); *Jardín de sombras* (edición de autor, Bogotá, 1994); *El sueño de la otra* (Poesía Prometeo, Medellín, 1997); *Memoria de aprendiz* (Común Presencia Editores, Bogotá, 2011); *Malabar en el abismo* (antología, Común Presencia Editores, Bogotá 2012); *Poemas de amor* (de Yirama Castaño y Josefa Parra, Corazón de Mango, Cereté, 2016); *Corps Avant l´oubli, Cuerpos antes del olvido* (de Yirama Castaño, Stéphane Chaumet y Aleyda Quevedo, Ediciones Línea Imaginaria, Quito, 2016). Ha sido incluida en las más importantes antologías de poesía colombiana. Las más recientes: *Ventre de Lumière* (Uniediciones, Bogotá, 2017); *Queda la palabra Yo* (La Palma Ediciones, Madrid, 2017).

Índice

Cantos contra el fin del mundo 7

PÁJAROS DE SOMBRA 15

17 María Gómez Lara
    Emily Dickinson 19
    Astillas 21
    La luz inútil 22
    Conjuro 23
    Octubre 25
    Contratono 27
    Antiquietud 28
    Don Quijote caído 30

33 Yenny León
    Tríptico 35
    Playón de sal 36
    La cola del escorpión 37
    Mujer de agua 38
    Más allá del sol 39
    [la niña se hunde] 40
    [cuando los días se acaben] 41
    [cada latido] 42
    [sus raíces] 43
    [las flores encanecen] 44
    El trueno en la sien 45
    Colibrí 46
    Ruptura 47
    Sol endurecido 48

49 TANIA GANITSKY
[EL MUNDO va a acabarse antes que la poesía]   51
[DICEN que la última llama]   52
[RANA estática]   53
[LOS CABALLOS no iban a vivir]   54
Montaje II   55
Pájaro de fuego   56
Fuegos confundidos   57
[Podría leer una hora más sobre Emily Dickinson...]   58
Sobre Escribo   59
Aprendizaje   61
[CUANDO LLUEVE, las personas se alejan]   62
[VEO a los caballos]   63

65 GLORIA SUSANA ESQUIVEL
Tarde de domingo en el Museo de Historia Natural   67
Borinquen Pl.   68
Chelsea Market   70
Yosakura   71
I.   73
II.   74
III.   75
Un verdor   76

77 BIBIANA BERNAL
Invernal   79
Biografía del mundo   80
Mudanza   81
Lecho de nieve   82
Credo   83
Alejandría   84
Improbable   85
Pájaro de piedra   86

Silencio 87
Hacia el crepúsculo 88
Deconstrucción 89

91 FÁTIMA VÉLEZ
sótano 93
mudanza 95
la casa 98
casa paterna 100
alimentar a los caballos 102
del porno y las babosas 107

109 LUZ ANDREA CASTILLO
[Te he dicho] 111
[¿Recuerdas?] 112
[Madre] 113
[No / ya somos muchas] 114
[Mira / El gato persigue su cola] 115
[Qué era] 116
[Trazas el paisaje] 117
[Era un destino abandonar la casa] 118
Latido 119
[Esa casa] 120
[Pero dime por qué madre] 121
[No hallarás puerta] 122
[Digo cuerpo] 123
[La cuestión] 124

125 MARÍA PAZ GUERRERO
Me repito 127
Arullas a esa ciega 128
Llega con el incendio entre las manos 129
La fruta anida en su fuego 130

[tiene brotes de barbas]   131
[quitarse la ropa]   132
[unos papás le dan a su hija de 9 años…]   133
[uno es inteligente]   134
[dios es débil come sándwich con mayonesa]   136
[los ganaderos han ordenado desplazar…]   139

141   CAROLINA DÁVILA
[Oscura, húmeda, viscosa por el calor, amontonada]   143
[Esta historia comienza con una necesidad…]   144
[El cuerpo, el agua]   146
[Tres días]   147
[Nuestra casa y su privilegiada vista]   148
[Hombres trepados en los techos]   150
[Salta del níspero]   152
Con la lluvia no penetran otras aguas   153
Postal de Buenos Aires   154

157   LUCIA ESTRADA
Medusas   159
[Cada vez más dócil al remolino…]   160
Regreso a Ítaca   161
Nota encontrada al margen de un poema
de Anna Ajmátova   162
Ofrenda   163
Alfabeto del tiempo   164
Memoria de polvo y hueso   165
Del laberinto de Ariadna I   166
Del laberinto de Ariadna III   167
Mar de Barents   168
A una sombra   169
Peldaño I   170
Último peldaño   172

173 CAMILA CHARRY NORIEGA
    Fuego de los días   175
    Centro de la casa   177
    Meditación   179
    Segovia   180
    Las herencias   181
    Patria   182
    El perro muestra frenético sus dientes   183
    Destino   184
    Actos renovados   185
    Objetos oscuros   187

189 CATALINA GONZÁLEZ RESTREPO
    Acertijo   191
    Silencio en la mesa   192
    Dioses pequeños   193
    Cristal   194
    El poeta de la bailarina anónima   195
    Viaje   196
    Alimento   197
    La última batalla   198
    Talismán   199
    Ofrenda   200
    Vejez   201
    Mendrugo   202
    Una palabra brilla en mitad de la noche   203

205 SANDRA URIBE PÉREZ
    Hipótesis tardías   207
    Hondura innombrable   208
    Cartografía   210
    Embargo   211
    Carta   212

Tenue desnudez   213
Espera   215
Destino   216
Derecho de petición   217
Lenguaje imposible   218
Trigo negro   219
Las dos orillas   220
Sobre las pérdidas   221

223   BEATRIZ VANEGAS ATHÍAS
Entre sordos   225
La libertad   226
Cinema Paradiso   227
Thelma y Louise   228
Saga de los desterrados   229
El gran amor en vilo   230
Crónica del patio   232
En el río   234
Binomios   235
El canto triste del carrao   236

237   MARÍA CLEMENCIA SÁNCHEZ
El velorio de la amanuense   239
Sonata para que amanezca   240
Principio   241
Los bellos días   242
Pequeña canción coreana   243
Avenida Helen Keller En el cruce de la calle 15   244
Regreso   245
Paraíso precario   246
Igual que su tristeza   247
Opúsculo de amor lusitano   248
Strawberry Fields Forever   249

      Primer romance   250
      Casida del niño sin manos   251
      Una canción polaca   252

253 GLORIA POSADA
      Alquimia   255
      Diáspora   256
      Lejana luz   257
      Transfiguración   258
      Duración   261
      Cloacas   262
      [No soporto]   263
      Intemperie   264
      Pensamiento conjugado en Alejandra Pizarnik   265
      Abisag   266
      Memoria   267

269 YIRAMA CASTAÑO
      Prólogo   271
      Secreto de mediodía   272
      Temblor de augurios   274
      Parque nevado   275
      Designio   276
      Cometa   278
      Rumor de ciegos   279
      Umbral y campanario   280
      Mañana de sol   281
      El país de las ausentes   282
      Rumor del valle   284
      En los labios de la noche   285

Sobre las autoras   287

www.ingramcontent.com/pod-product-compliance
Lightning Source LLC
Chambersburg PA
CBHW020831160426
43192CB00007B/607